The First Step with
Wittgenstein

中村 昇
Nakamura Noboru

ウィトゲンシュタイン、最初の一歩

亜紀書房

CONTENTS

はじめに

中学・高校のときは、親元を離れて鹿児島で一人、下宿暮らしをしていました。四畳半や六畳の部屋での孤独な生活です。だから、夏休みや冬休みになると、すぐに両親の住む佐世保市に帰っていました。そのためには、列車に長い時間乗らなければなりません。西鹿児島駅（いまは、鹿児島中央駅）を、たしか夜の一一時四五分に発車する急行『かいもん』に乗って暗闇のなか九州を北上し、朝方、鳥栖《とす》駅で乗り換えます。鳥栖のホームにある蕎麦屋で美味しい蕎麦を食べ腹ごしらえをして佐世保駅まで帰るのです。十時間近くの長旅だったと思います。まだ若かったから、列車のなかでは、だいたい寝ないで本を読んでいました。

高校の頃だったと思います。その時、たまたま三浦つとむの『弁証法はどういう科学か』（講談社現代新書）という本を読んでいました。同じ列車で帰省していた長崎市出身の同級生が、じっとこっちを見て、「昇、それわかるの？」とちょっと意地悪な質問をしてきました。本当のところは、よくわからなかったのですが、「うん、まあね……」と曖昧に答えました。よくわからないのに、ずっと読んでいるのがばれるのが、恥ずかしかったからです。若い時にはよくある出来事だと思います。

でも、その本を改めていま読んでみると、それほど難しい本ではありません。どちらかと言うと、とてもわかりやすい。三浦つとむという人は、難しい哲学や言語学の話を、実にわかりやすく語る人ですから、なおさらそう思います。

他にも似たような経験がありました。中学の時は、小林秀雄に夢中でした。小林の作品は、ほとんど読みつくしたくらいです。でも、いま振り返ると、ちゃんと理解していたかどうか怪しいものです。というのも、彼が書いた『モオツァルト』を中二の時に読んで、よくわからなかったという記憶が鮮明にあるからです。その文体に乗せられて一気に読了はしましたが、難解だったという印象しか残っていません。でも、後になって『モオツァルト』を再読すると、ものすごくわかりやすい本なので心底驚きました。なぜ、この本を理解できなかったのか、とても不思議でした。

こうした自分自身の経験を振り返ってみると、中学や高校の時は、どんなに背伸びをしても、やはり、本格的な評論や哲学の本は、かなり難しいのだということがわかります。どれほど頑張って理解しようとしても、年齢や知識の壁があるのではないでしょうか。その「壁」の正体は、よくわかりませんが、結局のところ、多くの中高生は、哲学や思想の本を、最後まで読めずに挫折《ざせつ》してしまうことが多いのではないかと思います。

この本は、そういった人たち、つまり、難解な本に挑み続けて、どうしても読破できない。あるいは、ぼんやりとしか理解できない人たちに対して、少しでもお役に立てればと思って書きました。

ようするに、中学や高校時代の自分自身に向けて、わかりやすく哲学を語りたいというわけです。何と言っても、この時期こそ、人生に一番悩み、この世界の難問に正面からぶつかって苦しむ時だからです。四畳半や六畳の部屋で、私も一人悶々《もんもん》と悩んでいたので、とてもよくわかります。そういう苦悩につきあい解決する際の手がかりにしてほしいと思っているのです。さらに、かつてそうした経験をして大人になった方々にも、楽しんでもらえればと思っています。

この本では、ルートウィッヒ・ウィトゲンシュタイン（一八八九―一九五一）という哲学者の言葉をみなさんと一緒に味わっていきたいと思います。というのも、この哲学者は、余計な専門用語は使わず、本物の哲学の問いに素手で立ち向かったからです。実は、彼自身、西洋哲学の世界については素人でした。もともと数学や論理学を勉強していた人で、哲学の専門的な教育は、まったく受けていません。この人は、哲学の知識や素養とは無縁なのです。

だから、予備知識なしで哲学を本気で理解しようとする人たちにとって、最も近い位置にいると言えるでしょう。つまり、中学生や高校生と同じ地点に立っている哲学者だと言っても過言ではありません。そういう意味でも、知識によってごまかしたりはしない、この上なく真摯《しんし》な哲学者なのです。

【ウィトゲンシュタインの言葉の引用について】

『論理哲学論考』と『哲学探究』と『反哲学的断章――文化と価値』は、丘沢静也訳（光文社古典新訳文庫、二〇一六年／岩波書店、二〇一三年／青土社、一九九九年）から引用した。丘沢さんに感謝したい。

他の文献についても、日本語訳（『ウィトゲンシュタイン全集』山本信・大森荘蔵編集、大修館書店、一九七五年～一九八八年）を参照させていただいた。それぞれの訳者の皆さんに感謝したい。

引用に際して、地の文との兼ね合いなどで表現を変更したところもある。

1 哲学というのは、独特の感覚が出発点です

ウィトゲンシュタインは、若い頃に書いた『**論理哲学論考**』という本のなかで、「世界がどうであるかということが、神秘なのではない。世界があるということが、神秘なのだ」（6・44番の文です。この本は、全部こういう番号のついた文によってできています）と言っています。私は、この感覚が、哲学者になれるかどうかの分かれ目だと思っています。

たしかに、生きていれば、いろいろな不思議なことにであいます。小学校で習う理科や社会、算数や国語、これらの科目のなかにも、不思議なことはたくさんあります。

この宇宙のしくみ、社会の成り立ち、歴史や他の国の人たちの生活、足し算や掛け算の不思議、ことばのあり方の面白さ、などなど、とても気になります。

宇宙を説明する理論には、量子力学や相対性理論（いまの物理学の大きな二本の柱になっている理論です）などがありますが、これらの理論には、とてつもなく不思議なことがたくさんつまっています。世界がいくつもあったり、時間は流れていなかったり、いろいろな不思議な結論がでてきてしまうのです。本当にこの世界は、おかしなところなのです。歴史だって、調べれば調べるほど奥が深く、いろいろな事実に圧倒されます。日本人が好きな戦国時代や幕末維新について、いろんな小説やテレビドラマがつくられるのもうなずけます。斎藤道三や明智光秀、坂本龍馬、西郷隆盛など魅力的な人物が盛りだくさんです。一人の人物だけでも、いろいろ謎があるのに、これらの人たちが複雑に関係しています。歴史好きには、たまりません。

算数だって、本当に不思議です。そもそもそれぞれ違ったリンゴをどうして、一、二、三と同じ数として数えることができるのでしょうか。しかも、みかん三個とリンゴ二個を足して、五個などという計算をしたりします。みかんとリンゴでは、見た目も味も全然違うのに！　同じものとして、足してしまうのですから。とても、抽象度の高い計算です。よく考えると、頭がくらくらします。足し算でさえ、これほどおかしなことをしているのに、掛け算となるともうお手上げです。誰でも不思議に思うマイナスとマイナスの掛け算。「−3×−4」がなんで「+12」になるのでしょう？　いくら考えても、よくわかりません。

とにかく、この世界は、不思議でわからないことだらけなのです。でも、この不思議さにつまずいていては、哲学者にはなれません。つまずいてもいいのですが、もっと大きな不思議さに圧倒されなければなりません。哲学に目覚める感覚というのは、まったく異なるところにあるのです。**そんなわからないことだらけの変な世界が、そもそも「ある」ということ**。これは、いったい何なんだ？　どうしてこうなっているのか？　ここで考えこむのが、哲学です。なぜ、この世界があるのか、という疑問です。この絶対に解決しそうにない高い壁に突き当たり倒れて動けなくなるのが、哲学なのです。

たしかに世界のなかには、面白い問題が無数にあります。それはそれで、いつまでたってもすっきり答がでるわけでもないので、のめりこむのもうなずけます。でも、世界内部の問題は、一種のゲームのようなもので、その段階段階で、答がでるものな

のです。ニュートンが万有引力の法則を見つけたり、アインシュタインが相対性理論を提出したり、ハイゼンベルクが不確定性原理を思いついたりして、とてつもない見通しが立つこともある。これもたしかにこの上なく不思議ではあります。でも、ある段階で答はでてきます。

ところが、「この世界の存在」そのものに圧倒されるという感覚は、どうにもこうにも身動きがとれなくなります。一歩も踏みだせなくなるくらい絶望的で圧倒的な感覚なのです。世界内部のゲームとは、まったく異なる絶対的なものなのです。世界というゲームそのものが吹き飛んでしまうからです。〈世界の存在〉自体に対するこの感覚を体験してしまうと、生きていく意味が、ものすごい謎に変わってしまいます。この世界のなかで、目標をもち、人生を楽しく生きていくことが、なんだか遠い風景に見えてきます。この世界のなかの人たちは、いったい何をしているのだろう。変わった人たちだなぁと思ってしまいます。お金を稼いだり、幸せな家庭を築いたり、テレビやネットを見て笑ったり、学校に行ったり……することなすことすべての意味が、まったく不可解なものに思えてくるのです。

これが、哲学の第一歩です。

2 私は世界だ

〈私〉というのは、とてもやっかいなものです。朝起きても〈私〉、一日中ずっと〈私〉、そして夜意識を失うまで、とことん〈私〉。ここからは、逃れようがない。たしかに、〈私〉以外の人は、たくさんいます。これは、誰でも（といっても、この「誰でも」は、〈私〉の推測ですが）わかります。ただ、〈私〉以外のたくさんの人は、この〈私〉からしか見えません。〈私〉以外の人たちに、〈私〉は、なることはできません。だって、この世界に〈私〉は、一人だけだからです。このことは、よくよく考えると、とても恐ろしいことです。

どういうところが恐ろしいかというと、他の人間、他の動物、さまざまな無限の可能性がある（ように〈私〉からは見える）のに、それらの可能性を〈私〉が試すことはできないということです。時代も地域も人種も生まれる家庭も、自分では決められない（この世界は、〈私〉だけなのに、何も決められない）。そして、いったん〈私〉になると、それ以外の可能性は、すべて消えてしまう。他人（やほかの動植鉱物）が、どんな気持ちで生きているのか、自分とは異なるジェンダーである女性（男性）でいるとは、どのようなことなのか、ほんの少しも経験できない。可能性は、無数にあるのに、それにまったく関与せずに一生を〈私〉で終えるのです。とてつもない世界です。何とむなしいことでしょう。

もちろん父親、母親がいなければ、そもそも私も生まれてこなかったと、頭ではわかっています。〈私〉だけと言いながら、その〈私〉は、〈私〉が〈私〉の源から自己分裂して生まれてきたものではない、ということは、いくら〈私〉でも、わかっています。たしかに両親がいて、〈私〉は、生まれてきたのかもしれません。おそらくそうでしょう。みんなそう言っていますから。ただ、それは、後から身につけた知識にすぎない。誰かに教わっただけです。

わたしたちは、はっと気づいたときにはかならず〈私〉というとても狭い部屋に閉じこめられています。そこから、その同じ〈ワンルームマンション〉にずっと住みつづけます。不思議なことに、〈私〉は、このワンルーム以外に行くことはできないのです。引っ越しても引っ越しても引っ越しても、同じ部屋にいつづけるのです。その部屋から、外を眺めるだけ。悪夢です。つまり、原理的に「引っ越しはできない」のです、どんなにがんばっても。

他人から聞いたり、親がとった写真を見たりして、たしかに〈私〉には、肉体として誕生した瞬間があったというのは、何となくわかります。それ以前は、無だったのでしょうか（これもよくわかりませんが）。でも、ものごころつくと、「**私は、私の世界である**」（『論理哲学論考』5・63）という状態になっています。つまり、〈私〉という枠組みがあって、そのなかですべての出来事は起こっているのです、いつのまにか。それが、何もかもの始まりだったのです（始まりは、いつでも決して確認できません）。〈私＝世界〉の誕生だったと、こと（世界の始まり）が起こった後に言えるだけでしょう。

決して離れることはできない、この〈私〉という枠組みのなかで、最初から最期まで（まだ、最期を迎えていないので、おそらくそうだと思うだけなのですが）すべては、進行していきます。これは、なんだか、とっても息苦しいことです。何ならうんざりすると言ってもいいでしょう。作家・埴谷雄高《はにやゆたか》の言う「自同律《じどうりつ》の不快」とは、意味が違うかもしれませんが、この事態も、「自同律の不快」と言いたくなります。「私が私であること（A＝A）のうんざり感」なので。

ウィトゲンシュタインが言うように、**「主体〈私〉は、世界の一部ではない。そうではなく世界の境界」**（『論理哲学論考』５・６３２）なのです。世界をつくりあげているのは、〈私〉という領域なのです。世界そのものが、〈私〉だから、この〈私〉の外側には、なにもない。無世界と言っていいでしょう。

たしかにこのマンションの部屋（〈私〉）は、他の人間から、「人間」と呼ばれています。名前も、身体ももっているからです。〈私〉も知識として、もちろん、それはわかっています。その部屋から外を眺めると、その〈私〉と同じような人たちが、

〈私＝世界〉のなかで動きまわっているというわけです。たくさん、見えます。〈私〉のなかで、「人間」と呼ばれるものたちがうごめいています。それと同じものとして、〈私〉の身体はうごめいています。ただ、その場合であっても、〈私〉そのもの（世界の中心）は、じっとしています。動きません。不動の中心です。だから、〈私〉は「人間」ではありません。

〈私〉のからだに注意を向けて、一日ぐらい植物になったり、一時間だけでも鉛筆になったりしたいと思ったとしましょう。でも、そんなことは起こりません。さっきも言ったように、引っ越しはできないのですから。でも、万が一そういう楽しいこと（人間から、植物や鉛筆への引っ越し）が起こったとしても、〈私〉は、同じだと思います。残念ながら、この枠組み（境界）は、そのままだと思います。なぜなら、マンションの名前が変わった（人間⇓タンポポ）だけで、そのマンションの部屋は、まったく変わりばえはしないでしょう。相変わらず〈私〉というあり方をしていると思います。やはり、〈私〉は動きません。

でももしかしたら、〈私〉自体が変化することはないのでしょうか？　なにか、べつのものに突然変わったりはしないのでしょうか。ただ、いくら考えても、〈私〉以外になるということが、どういうことなのか、〈私〉にはさっぱりわかりません。ほんの少しも想像できません。やはり、一番想像可能なのは、植物になっても、鉛筆になっても、数字になっても、〈私〉は〈私〉なのではないかというものです。〈私〉が、なくなるとはどうしても思えません。〈私〉であるということが、そのまま「存在することと」になっているからでしょうか。これは、私たちの根源的なあり方にかかわることだと思います。つまり、同時に二重の存在にはなれないということです。ちょっと難しいですかね。

ウィトゲンシュタインは、つぎのようにも言います。

ここでわかるのだが、独我論を徹底すると、純粋な実在論と一致する。独我論の「私」は縮んで、延長のない点となる。そして残るのは、「私」のためにコーディネートされた実在である。

(『論理哲学論考』5・64)

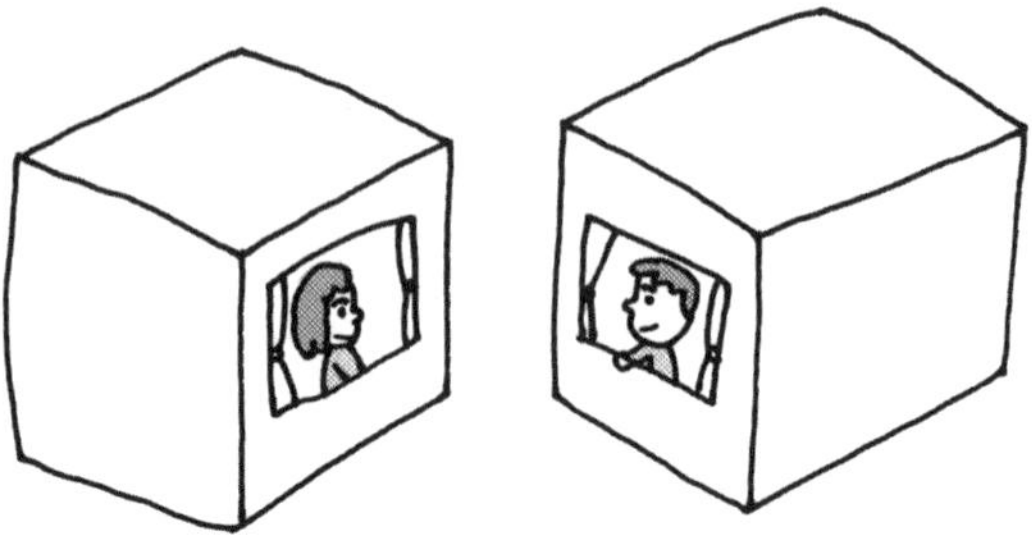

「独我論」とは、この世界に存在しているのは〈私〉だけ、という考え方です。そういう「独我論」を突きつめると、〈私〉以外のものは何も存在していないことになります。つまり、〈私＝世界〉だけになります。ようするに、ここにあるのは、一つの実在（本当に存在しているもの）だけなのです。たしかに、〈私〉が枠組みなのであれば、ただ一つの〈私〉は、消えてしまうでしょう。映画館に映画を見にいって、映画そのものにのめりこんでいるとき、〈私〉はなくなって、映画のストーリーだけが映しだされているようなものです。〈私〉は世界から消え、出来事だけがたんたんと起きていく。これをウィトゲンシュタインは、「純粋な実在論」と言います。

たしかに、世界に〈私〉一人しかいない（「独我論」）のならば、その〈私〉は、存在そのものと同じことになってしまうでしょう。しかしもし、私たちがこのようなあり方をしていることになると、これは、もうとんでもなく壮絶な孤独ということになります。誰一人として、自分と同じ存在は、この世界にはいないことになるからです。

自分のワンルームマンションに他人を招待することはできないし、他人のマンションに遊びに行くこともできません。そもそものワンルームマンションが、世界の外枠なのですから、そこからわれわれは一歩も動けないのです。とても息苦しい状態だと言えるでしょう。

3 論理

「論理」とは、なんでしょうか? とりあえず、この世界の「骨組み」のようなものでしょうか。「骨組み」がなければ、家は建たないように、世界の「骨組み」がなければ、世界は、崩壊してしまう。どんなものでも、形をもって存在している場合には、それを最初に支える「骨組み」が必要になります。液体や気体には、目に見える「骨組み」はありません。もちろん、液体や気体も、目には見えない構成要素によってできあがってはいます。でも、はっきりした「形」があるという意味で、固体だけが、いわゆる「骨組み」をもっていると言えるでしょう。

「骨組み」とは、それをもとにして、建物や存在（形のあるもの）が、できあがっていくものと言えます。世界が形をもって存在するための後ろ盾（支えるもの）のようなものでしょうか。

ウィトゲンシュタインは、この世界の「論理」について、こう言います。

論理を理解するために私たちが必要とする「経験」とは、何かがこれこれであるという経験ではなく、何かがある（存在している）という経験である。しかしそれは、経験と呼べるようなものではない。

論理は、――何かがこうであるという――あらゆる経験に先だっている。

論理は、「どのように」に先だっている。「なに」には先だっていない。

（『論理哲学論考』5・552）

かなり難しい文章ですね。説明してみましょう。世界は、問答無用で、われわれの前にあります。世界は、理由も何もわからないままに、「存在」しているのです。つまり、「存在」というよくわからない事態が否応《いやおう》なくあるわけです。すでに書きましたが、これは、ウィトゲンシュタインが言うように、「世界がある」というとてつもなく神秘的な出来事が眼前にあるということです。ところが、ウィトゲンシュタインは、これは、「経験」ではないと言っています。「経験ではない」とは、いったいどういうことでしょうか。

たしかに、世界のなかをのぞいてみれば、いろいろ経験してわかってくることがあります。ほかの人間とさまざまな経験をする、楽しい思いや嫌な思いをする。あるいは、木々があって、海があって、昆虫がいて、これら存在しているものたちを観察し、それらとかかわることによっていろいろな経験ができるでしょう。なるほど、人は、こういうときにこんな感情を抱くものなのか、朝日のなかで香り立つ木々の素晴らしさ、凪《なぎ》の海の静寂《せいじゃく》の奥深さ、かぶと虫のぎこちない動きなど、われわれは、経験によって、世界内部の様相を実際に知ることができます。

ところが、ウィトゲンシュタインによれば、世界の存在そのものは、経験できないものなのです。というよりも世界は、その経験そのものを成りたたせる条件になっているのです。世界がなければ、そもそも経験はできないのですから。世界が存在していなければ、われわれは、昆虫を見たり植物に触れたりといったことはできなくなるのです。そして、その世界を論理が支えていると言います。骨組みのない建物には、だれも入ることはできません。骨組みがあって、建物が存在しているからこそ、そのなかに入っていく（経験する）ことができるのです。世界も、目に見える形をもっているということは、「骨組み」があるということであり、それが「論理」ということになります。

論理は、そういう「骨組み」なので、どんな経験にも先だっているし、その「骨組み」によってできあがる世界のあり方にも、もちろん先だっているのです。ある「骨組み」によって建物が建つように、論理に支えられて、世界の存在があります。そしてわれわれは、世界の内部に生まれるわけですから、生まれた後に、世界の内部で論理を知ることになります。

しかし、それではわれわれが、この世界内部に生まれて、この世界の論理を知るというのは、一つの経験ではないのでしょうか。論理学を勉強して、論理を学ぶのは、「経験」ではないでしょうか。難解な論理学の学習は、経験だと言えるのではないでしょうか。

もちろん、経験です。ただ、その「経験」(論理学のお勉強)は、どうやってできるのでしょうか。それは、わたしたちの頭の働きによってです。大脳によって、お勉強します。そして、この私たちの頭(大脳)の働きは、世界内部の出来事なので、世界の「骨組み」である「論理」によって動いていることになります。

ですので、わたしたちが論理学を学ぶのも、やはり「論理」によってだということになります。この世界の内側にいるかぎり、この世界の論理に支配されていることになるからです。だから、この世界にいるかぎり、最初の一歩から、論理的なことをしていることになる。こういう感じで、「**論理は、あらゆる経験に先だっている**」とウィトゲンシュタインは言っているのです。

それでは、そもそも「骨組み」とは、どういうことでしょうか。たとえば人間のいない世界、木々ではなく石鹸水が茂っている世界、あるいは、水分がまったくない砂漠だらけの世界など、いまとは異なる世界のあり方を妄想することはできるでしょう。ただ、その妄想は「論理」そのもの、つまり「骨組み」には及びません。世界の中身の可能性をいろいろ変えることはできますが、その「骨組み」を変えることはできない。「骨組み」を変えると、この世界ではなくなるからです。「骨組み」をもとにしてできあがっている世界が、問答無用にまず存在している（「何か」がある）。その上に、さまざまな世界のあり方が覆《おお》っているという感じでしょうか。「いかに」あるかということに、論理が先だつというのは、そういうことなのです。

そうなると、われわれが論理にたどり着くためには、どうすればいいのかの答はすぐ見つかります。いまの状態（論理を世界のあり方が覆っている状態）から、さまざまな覆いを取り払うことによってでしょう。ようするに、たくさん服を着ている人間の服（世界のあり方）を脱がすことによって、〈人間そのもの〉、裸の人間にたどり着けば、それが「論理」ということになります。

たとえば、突然、世界が崩壊したとしましょう。周りの風景が、何の前触れもなしに、消えてしまう。無色透明の「無」が、そこに現出する。そのとき、われわれが、その「無」と対峙《たいじ》し、何か考えるとき、そこに「論理そのもの」（裸の論理）が現れると言えるかもしれません。でも、これだと、世界が「存在」していることにならないので、ウィトゲンシュタインが言っている「論理」とは、少し違うかもしれません。

こんな極端なことを考えなくても、一つひとつ世界のあり方の可能性をはがしていけば、論理にたどり着ける。ようするに、具体的な「何か」を全部取り払えばいいことになります。男性であるとか、人間であるとか、動物であるとか、赤いとか、重いとか。具体的な性質を全部なくしていけば、最後に「骨組み」だけが残る。そのようにして残ったのが、「論理」ということになります。だから、論理は、「経験に先だつ」ものなのです。

4 物理法則など

さて、そのような「骨組み」に支えられて、この世界は進行していきます。しかし、この世界の進行そのものにも、何かしら法則があるはずです。「骨組み」とは異なる法則によって、世界は進行しているのですから。何もかもでたらめに進んでいくわけではないので。

たとえば、将棋をするためには、将棋盤があり、将棋の駒があります。そして、将棋のルールもあります。もちろん、そのルールにしたがえば、何をやってもいいはずです。ここまでが、「骨組み」のようなものです。でも、さらに「定跡《じょうせき》」というものもあります。ルールに則《のっと》った駒の動かし方です。最も有効な駒の動かし方と言えるでしょう。この「定跡」を知らなければ、なかなか将棋には勝てません。この「定跡」が、自然法則のようなものと言えるでしょう。

この世界の「骨組み」にしたがっていれば、何が起きても不思議ではないのに、この世界では、ある一定の事柄が繰り返し起きています。いつも、めちゃくちゃなことが起きつづけることはありません。ちゃんと秩序があります。これが、(自然)法則です。太陽は、毎朝東の空から昇り、夕方西の地平線に沈んでいく。北から昇り、南に沈んでもいいはずなのに。

ウィトゲンシュタインは、つぎのように言っています。

太陽はあした昇るだろう、というのは仮説である。いいかえれば、太陽が昇るのだろうか、昇らないのだろうか、は私たちにはわからない。

(『論理哲学論考』6・36311)

世界の内部では、いろいろな法則があります。地球が自転しながら、太陽の周りを公転しているのも、物理の法則です。たしかに、この法則は、太陽と地球が引力の法則のもとに運動しているかぎり、ほぼ明日も同じように太陽は、東の空から昇ってくるでしょう。

ただ、この法則は、この世界の骨組みである論理法則とは違って、われわれが自然のなかの出来事を観察した結果、導きだした「仮説」にすぎません。有限回の観察をもとに、仮説をたて、計算をし導きだしたものです。こういうやり方を「帰納《きのう》」と言います。そして、この仮説が未来永劫《えいごう》ずっと法則でありつづけるかどうかは、誰にもわかりません。現実世界の変化により、法則そのものが変化することもあるからです。ここが、絶対的な論理法則（「骨組み」）とは違うところです。

「カラスは黒い」という法則は、いままで確認したカラスが黒かったから、仮に「カラスは黒い」という法則をつくっただけです。どこか秘境で、赤いカラスを見つけてしまうと、この法則は、ガラガラと崩れてしまいます。一つでも違った例がでてくれば、この手の法則は、成りたちません。同じように、ある朝、何かの異変で地球の自

転がとまったら、太陽は東の空に決して現れません。「明日太陽は昇る」という仮説は、崩れてしまいます。

哲学者のラッセル作の「帰納主義者の七面鳥」という話があります。その七面鳥は「帰納」によって、すべてを判断します。いままでの経験だけをたよりに生きていくのです。その頑固な(?)七面鳥は、三六四日間、朝になると毎日エサがもらえました。帰納主義者ですので、もちろん、つぎの日も、エサが食べられるとわくわくしながら朝起きます。しかし、その期待は残酷なかたちで裏切られました。その日は、クリスマスだったのです。

でも、われわれだって、この七面鳥と同じようなものです。毎日、いままで経験したのと同じことが起きると無意識のうちで安心しています。明日も、明後日も同じようなことが起きるだろうと思っています。でも、それは仮説に過ぎません。明日が、クリスマスでないことを祈るばかりです。

5 倫理とは何か

「倫理」とは、何でしょうか。あらためて考えてみましょう。「倫理」が、時代や地域によって異なるのは、誰でも気づきます。江戸時代の「倫理」と現代の「倫理」とでは、ずいぶん違うでしょう。いまは、「仇討《あだ》ち」は、決して許されませんし、刀という凶器を腰に差して街中をうろうろしているおじさん（侍）など見たことがありません。同じ江戸時代だって、武士の倫理と職人の倫理とでは、かなり違ったはずです。

いまだって、タイの「倫理」やケニアの「倫理」と日本の「倫理」とでは、びっくりするくらい異なっているに違いありません。やっていいことといけないことなどは、時代や国によって、違うものなのです。

このように考えると、「倫理」というのは、とても相対的なものだと言えます。つまり、どこでもいつでも同じというわけではなく、いろいろな場所や時期によって異なっていて、自分が信じている「倫理」と他の人の「倫理」とをあれこれ比べることができるということです。絶対的にこれだけが唯一無二の「倫理」だ、などとは言えないのです。

しかし、これもそもそもおかしなことです。「倫理」というのは、「～してはいけない」といった言い方で表されるものです。「人を殺してはいけない」「他人のものを盗んではいけない」など。でも、この**「いけない」というのは、われわれが生きているこの現実の世界には、どこをさがしても存在しません。**たとえば「ご飯を食べる」「公園で遊ぶ」というのは、他人がそうしている状態を、われわれは実際に見ることができますし、自分自身でそうすることもできます。この世界に、わかりやすい形で登場し存在しています。ところが、「ご飯を食べてはいけない」や「公園で遊んではいけない」というのは、この現実に現れることはありません。「いけない」は、この世界のなかのどこをさがしても、存在していないのです。

だから、「人を殺してはいけない」は、「いけない」なのでどこにもありませんが、しかし、「人を殺すこと」は、「ご飯を食べる」ことや「公園で遊ぶ」ことと同じなので、しばしばテレビや新聞などで見かけます。つまり、「人を殺すこと」は、「殺してはいけない」と違って、現実の世界で実際に起こる出来事なのです。

それでは、なぜ「人を殺すこと」が「人を殺してはいけない」になるのでしょうか。だれでも、可能性としては、「人を殺すこと」ができるのに、なぜ、「人を殺してはいけない」という禁止が存在しているのでしょうか。おかしなことです。どうやって、「いけない」などと言えるのでしょうか。この現実の世界には、登場しない「いけない」をどうやって、われわれは主張できるのでしょうか。

こう考えると、「人を殺してはいけない」は、相対的なものと言えるのでしょうか。というのも、「相対的」あり方は、まさにこの世界の事実のあり方だからです。実際に存在していれば、比較することができます。「「ご飯を食べる」のと、「公園で遊ぶ」のと、どっちがいい？」と質問できます。ぎゃくに、実際にこの世界になければ、決して「相対的なもの」（比べることができるもの）には、ならないはずです。「〜してはいけない」は、比較することができないものなのです。

このようにこの現実の世界には存在しない「人を殺してはいけない」は、なぜ登場したのでしょうか。いろいろな理由があると思いますが、この世界で、殺人がいろいろ不都合であるということ（社会がめちゃくちゃになる）、そして、どうしてもその行為をわれわれがためらってしまうということ（これも、なぜなのかは、難しい問題です）。こうしたいくつかの理由から、共同体のなかで禁止されるようになったのでしょう。

つまり、現実の世界でどうしても禁止したい行為があって、その行為を禁止するために、「いけない」の領域に、その行為を運んでいった。もっと図式的に言うと、「人を殺す」（現実）の世界から外へだして（超越）、外側から禁止することにした、と言えばいいでしょうか。現実の世界の外側が、「いけない」の領域です。「倫理」というのは、だいたいこういうやり方で、できあがったのではないでしょうか。

こういうやり方で「倫理」を決めないと、われわれは「何でもあり」の世界で日々生きていかなければならなくなります。でも、だからこそ「倫理」は、本来は、相対的なものだとも言えるかもしれません。だって、こういう面倒な手続きをしなければ、命令や禁止はできないわけですから。こういう倫理をウィトゲンシュタインはどのように考えていたのでしょうか。生涯に一度だけおこなった「倫理についての講演」の内容を見てみましょう。

6 絶対的なもの

ウィトゲンシュタインは、「倫理」を「**語りえないもの**」と言いました。「倫理」について、万人が同じ考えをもっているわけではないので、はっきり語ることができないという意味です。しかしそれでは、「倫理」は、さきほど私が書いたように、人によって異なる「相対的」なものという意味なのでしょうか。それは違うとウィトゲンシュタインは言います。「倫理」について話した唯一の講演をもとに、このあたりのことを考えていきたいと思います。

ウィトゲンシュタインは、「良い悪い」という語の説明から始めます。まず、「この人は、良いピアニストだ」という文を例に挙げます。おそらくこの言い方は、このピアニストの技術が優れているという意味だと思います。技術のレベルが高いといったことでしょうか。ようするに、相対的な評価（多くの他のピアニストと比較したうえで評価する）です。他のピアニストと比べて、このピアニストは優れている（「良いピアニストだ」）、といった意味になるでしょう。

ところが、「嘘をつくのは悪いことだ」という文は、どうでしょうか。この「悪い」は、ピアニストの「良し悪し」とは、ちょっとニュアンスが違います。ウィトゲンシュタインによれば、この「悪い」は、他の行為と比べて「悪い」と言っているわけではないということになります。この場合の「悪い」は、絶対的に悪いのであって、人によって判断が違ったりはしないというのです。

誰が考えても、どの時代でも、「嘘をつくのは悪い」ということになるとウィトゲンシュタインは言います。ここにウィトゲンシュタインは、倫理の本質を見ています。**倫理は、相対的に決まるのではなく、絶対的なものであり、状況や時代や人によって変わるものではない。**これが倫理なのです。

そしてウィトゲンシュタインは、こういった「倫理」の本質を表すような経験をいくつかあげます。それは、「絶対的なもの」の経験です。一つは、「世界の存在に驚く」というもの。べつの言い方をすれば、「何かが存在するとは、どんなに異常なことだろうか」というものです。このような感情を抱くとき、われわれは「絶対的」な領域と深く結びつくと、ウィトゲンシュタインは言います。そして、この領域は「倫理」と同じ領域だと言うのです。

世界の存在、または、どんなものでもいいのですが、「存在」というのは、何とも言えないくらい不思議なものです。存在そのものには、何の理由もありません。誰にも、どんな生物にも、「世界がある」ということの説明はできないのです。どうしようもない。ただただ、「世界の存在」に深く驚愕《きょうがく》するしかないのです。しかも、そう驚いている自分自身も、その世界の一部であり、「自分という存在」そのものなのです。

どんな説明もつかない底知れない神秘に、ひたすら呆然となる。ウィトゲンシュタインによれば、このような圧倒的な経験こそ、「絶対的」な経験だと言います。そして、この絶対的な経験は、「倫理」と言われるものの経験と同じだと言うのです。「嘘をつくことは悪い」と言うときの「悪い」は、こうした「絶対」の場所にあるというわけです。

さらに、もう一つの経験も挙げます。それは、「絶対に安全であると感じる経験」です。「私は安全であり、何が起ころうとも、何ものも私を傷つけることはできない」という経験です。これもまた、ひじょうに特別な経験です。どういう意味でしょうか。われわれは、交通事故に遭う可能性もあるし、地震によって命の危険にさらされることもあるし、重篤な病気が発見されることもあります。とても「絶対に安全だ」などとは言えません。

しかし、ここでウィトゲンシュタインが言っているのは、そのような「私の身体」にかかわることではなく、〈私〉そのもののことだと思います。前に書きました〈私＝世界〉の〈私〉のことです。この〈私〉は、何が起ころうとも、じっと静かに存在しています。世界のなかの出来事とはかかわりなく、その枠組みとして「絶対に」変化しません。この背景は、何が起ころうとも傷つくことはなく、どんなことによっても影響をうけません。これが、ここでウィトゲンシュタインの言う「絶対に安全であると感じる経験」なのだと思います。

この経験も絶対的なものであり、これもまた倫理と深く結びついた経験なのです。

こうして見てくると、ウィトゲンシュタインが、倫理をどんなものだと考えていたのかがわかります。「倫理」は、人間がいろいろな議論をして結論をだすものではなく、人間には決してかかわることのできない人間を超えた事柄だと考えていたのだと思います。私が前節で書いた倫理についての考えとは、正反対だと言えるでしょう。「嘘をついてはいけない」というのは、そのことが、われわれの共同体を不安定にするからだとか、嘘をつけば人間関係がうまくいかなくなるからだ、といったこととは、まったく関係なく、「絶対的にいけないこと」だということになるでしょう。世界の存在そのものや〈私＝世界〉というあり方と同じくらい、圧倒的なものなのです。われわれがとやかく議論できるようなものではなく、われわれとは隔絶《かくぜつ》した「語りえないもの」だということになります。

7 絶対的なものと言葉

ウィトゲンシュタインは、こうした「絶対的なもの」と、言葉というものをならべて考えました。私たちが言葉で表すことができるものは、どうしても相対的なものです。たとえば「この花は美しい」と言うとき、かならずその裏には、「この花は美しくない」という文が、くっついています。あるいは、「あの花は美しい」や「あの木は美しい」などもくっついているでしょう。一つの文の裏や横には、否定や違った主語や指示語など、いくらでも異なったもの、比べられるものがくっついているのです。

そういう意味で、**言葉で表すことができるというのは、「相対的」**なのです。つまり、他の多くの異なる表現の関係のなかに入っているということになります。どんな文でも、どんな語でも、かならずその背景に他の文や語との無数のかかわりが潜《ひそ》んでいると言えるでしょう。これが、ウィトゲンシュタインが「絶対的なもの」と言葉を比較するときに考えている「相対的なもの」ではないでしょうか。

こういう「相対的なもの」に対して、ウィトゲンシュタインが「倫理」の領域であると考える「絶対的なもの」とは、どのようなものでしょうか。「絶対的なもの」とは、そのような比較や関係とは、まったくかかわりのないものだと言えます。そういったものとは、一切隔絶したところにあるものなのです。いったい、それは、どんなものでしょうか。

「絶対的なもの」とウィトゲンシュタインが考えた「世界の存在」について考えてみましょう。世界が存在していることに、心底驚くという経験です。世界の存在は、〈そこ〉に否応なくあります。われわれが何を考えていようと、どういう感情をもっていようと、まったく関係なく厳然と問答無用に存在しています。わたしたちは、それを否定することも、別様に考えたり表現したりすることもできません。そのまま驚くしかない。その存在そのものに全面的に驚嘆《きょうたん》することしかできないのです。

その存在のあり方をあれこれと話すのではありません。その〈存在そのもの〉への驚嘆なのですから、その〈存在そのもの〉にひたすら圧倒されるだけです。言葉で表すことなど思いもよりません。そのあり方（世界は、どのようにあるのか）であれば、いろいろと言葉で表すことだってできます。でも世界の存在そのものを前にすれば、われわれは、言葉を失います。

あるいは、もう一つの経験。〈私〉という存在も同じことでしょう。これもまた、どうにもこうにもできない底知れないものです。〈ここ〉から世界が始まり、〈ここ〉ですべてが終わっている。この〈私＝世界〉は、逃れようのない「絶対的な」あり方をしています。手の施しようがないとも言えるでしょう。どこまでいっても、われわれは、誰にも決して入りこむことのできない唯一無二の〈私〉なのです。それ以外のいかなるあり方も、どんな可能性も選ぶことなどできない〈私〉。もはや、〈私〉などという語で表すことさえできない〈ここ〉は、やはり「絶対的なもの」と言えるでしょう。表現では手の届かない、言葉とは隔絶した地点です。

このように考えると、ウィトゲンシュタインが考える「倫理」というのは、私たちが気軽に「お前のおこないは、倫理的におかしい」などと言うときの「倫理」とは、まったく違ったものだと言えるでしょう。ましてや「不倫」などという言葉で表す事態とは、まったく関係ありません。手垢のついた議論であつかうものでは、決してないのです。

言ってみれば、私たちが生きている相対的な世界とは、まったく離れたところにある絶対的で圧倒的な〈何か〉なのではないでしょうか。ようするに、簡単に議論できるものではないのです。言葉によって表現できないものなのですから。〈世界の存在〉や〈私〉の存在と同じように、「絶対的なもの」、つまり、「語りえないもの」なのです。

そしてウィトゲンシュタインは、「倫理についての講演」の最後のところで、ちょっと不思議なことを言います。「倫理」や「絶対的なもの」は、言葉で表すことはできない。だがもし、「倫理」や「絶対的なもの」と匹敵できるものがあるとすれば、それは、「言葉の存在」だと言うのです。

つまり、もし言葉に絶対を求めるのであれば、それは「言葉の存在そのもの」だと述べているのです。なるほど、〈言葉〉という存在も、ひじょうに不思議で驚くべきものです。つまり、〈言葉そのもの〉も、そのあり方や働きとはべつに、その〈存在そのもの〉に着目すれば、この上なく「絶対的なもの」なのです。〈世界の存在〉や〈私〉の存在と同じくらい驚くべきものなのです。

〈世界〉が存在し、〈私〉という比類のない背景があり、その私が使う、とてつもない〈言葉というもの〉が存在している。これらは、われわれを圧倒するかのように存在している。われわれがどうこうしようとしても、一切かかわることができないように隔絶《かくぜつ》して存在している。これらすべてが「絶対的なもの」だということになるでしょう。

8
死

私たちにとって「死」というのは、もっとも大きな問題だと思います。なぜ、それほど「死」が、われわれにとって切実なのでしょうか。まず、死は日ごろから経験していることではないからという理由があるでしょう。たとえば、怪我や病気であれば、たしかに切実で恐怖を感じることもあるでしょうが、長く生きていれば、自分で経験することもありますし、入院したりもします。それに、自分は経験しなくても、知り合いが病気になって入院しているときに、お見舞いに行くこともあるでしょう。つまり、怪我や病気であれば、自分も経験し、他人の経験について知識を得ることもできるのです。

ところが、「死ぬ」というのは、そういうわけにはいきません。死んでしまえば、その人は、この世界には存在していませんし、知り合いが死んだからといって、その経験について、いろいろ教えてもらうわけにいきません。つまり、**「死」は、どこをどう探しても、この世界には存在していない**のです。「死」は、この世界で経験し、その経験を他人と共有することは、そもそもできない出来事なのです。

私たちは「生きている」から、この世界に存在しています。この世界には、「生」しか存在していません。だからこそ、「死」は、とてつもなく恐ろしいのだと思います。誰も死について、本当のことを語ることはできないからです。

たとえば、ピーマンが嫌いな人がいるとしましょう。嫌いだといっても、ピーマンは、見ることができますし触ることもできます。虫がとても嫌いな人の場合はどうでしょうか。たしかに触るのは無理かもしれませんが、見ることはできるでしょう。つまり、いくら嫌いだからといっても、ピーマンや虫は、われわれと同じ世界に存在しているのは確かなのです。ですから、嫌いだったり、虫唾《むしず》が走ったりしても、何が嫌いなのか、何に対して虫唾が走るのかは、誰でも確かめることができます。

ところが、「死」は、そういうわけにはいかない。この世界の隅から隅まで探しても、どこにも存在していません。その後ろ姿さえ見つかりません。いや、後ろ姿や影は、もしかしたら見つけているのかもしれません。「死体」という〈もの〉が存在するからです。「死体」は、たしかにこの「生」が充満する世界に、一時期（短い間ですが）存在しています。「死」ととても関係の深い存在だと思います。

さて、「死ぬ」というのは、どういうことでしょうか。ウィトゲンシュタインは、どう考えていたのでしょうか。彼は、〈私＝世界〉という立場から、とても明晰な「死」についての考えを示しました。つぎのように言います。

死は人生の出来事ではない。死を人は経験することがない。永遠とは、はてしなく時間がつづくことではなく、無時間のことであると理解するなら、現在のなかで生きている者は、永遠に生きている。私たちの生は、私たちの視野に境界がないのとまったく同様に、終わりがない。

（『論理哲学論考』６・４３１１）

それはまた、死んだときには世界は変わらず、世界が終わることに、似ている。

（『論理哲学論考』6・431）

ウィトゲンシュタインによれば、私は世界と同じものです。私という枠組みのなかで、世界は進行していきます。この世界のなかに、枠組みである〈私〉は登場しません。枠組みであり境界であるものが、その内部に現れることは不可能だからです。〈私〉という枠のなかで、もろもろの出来事は、起こっているというわけです。

さて、そうなると、私が死ぬというのは、どういうことでしょうか。そもそも私は死ぬことができるのでしょうか。たしかに、私たちは、多くの「死にかかわる出来事」を経験します。でも、どんなにたくさんの「死にかかわる出来事」を見たり聞いたり経験したりしても、それは、すべて他者の「死にかかわる出来事」です。周りの人や動植物が、死んでいくだけなのです。もちろん、さっきも言ったように「死そのもの」は、どこにも登場しません。

私と世界とは、同じですから、私の死は、世界の終わりになります。世界そのものの枠が消えて無くなるわけですから、何もかも無くなってしまいます。端的に〈無〉になってしまうのです。それも、その〈無〉を確認する者は、どこにもいません。世界がないのですから。そうなると、世界の終わり、つまり〈私の死〉を経験したり確かめたりする人あるいは存在は、どこにもいないことになります。完全な〈無〉なのです。

つまり、スクリーンそのものが一瞬のうちに消えたら、放映中の映画も何もかもすべて消えてしまい、何も残らないことになるでしょう。スクリーンが私なのだから、それを確かめる者は、どこにもいません。ウィトゲンシュタインの立場からすると、「世界が終わる」というのは、そういうことになります。だから〈私〉が、それ〈死＝世界の終わり〉を経験することは、思いもよらないことなのです。

私が世界と同じであり、世界の枠組みだとすれば、世界のなかでの時間進行は、私そのものとはかかわりがないことになります。スクリーンの白い布は、そこに映される映画のストーリーの時間とは、まったく関係ありません。映画のなかでは、多くの人が歳をとったり、時代が過ぎ去ったりしますが、その背後の白い布は、それをただ映すだけであり、それ自身の時間は流れません。布は布のままで動かないからこそ、映画は、進行していくことができるのです。

それと同じように、〈私＝世界〉は、世界内部での時代や変化とはかかわりなく、境界でありつづけます。時間が流れるための不変の（時間が流れない）枠でありつづけるのです。その変化しない枠を、あえて時間に似た用語（本当は、時間とは無関係なのですが）で言えば、〈いま〉ということになるでしょう。つまり、〈いま〉という白いスクリーンに多くの出来事がつぎつぎと映される。それが、時間の流れということになります。

そのスクリーンで「果てしなく時間が続く」ことを「永遠」と言うのなら、その「永遠」は、まったく時の流れとはかかわりのない〈いま〉が「永遠」にとまっていることだと言えます。枠（スクリーン）が無時間であり、決して流れないから、スクリーン上で時間は流れていくということになります。

私たちの視野には、終わりがありません。つまり、私たちの視野を外側から枠づけることはできません。私が世界の中心（私＝世界）なのだから、私の視野をとらえるべつの私の視野はないからです。自分の眼で自分の眼を見ることはできません。

これとまったく同じ意味で、〈いま〉には、枠がありません。〈いま〉は、どこまでも〈いま〉であり、無時間の枠をなしています。〈いま〉は、決して流れません。べつの言い方をすれば、いつでも〈いま〉であり、〈いま〉でないときなど、どこにもありません。つまり、私たちの生は、〈いま〉という枠のなかにあるかぎり、決して終わらないというわけです。〈永遠のいま〉にいつづけるのです。

9 語りえないもの

ウィトゲンシュタインが、『論理哲学論考』の最後で、「**語りえないものについては、沈黙しなければならない**」と言ったのは、おもにそれまでの哲学者に向けてでした。「神」や「倫理」などについて、いろんなことを言いつづけてきた伝統的な哲学者に対して、はっきり答がでないことについて、いろいろ議論してもまったく無意味だと言ったのです。語っても仕方がない事柄については、黙るしかないというのが、ウィトゲンシュタインの考えです。勝手なことを言うのは、哲学ではない、ということになるでしょう。

自然科学であれば、多くの人が一致するさまざまな法則や実験結果があります。数学という共通の言語で、同じ答がでてきます。でも、たとえば「神」については、キリスト教の「神」もいれば、イスラームの「神」もいる。神道のようなたくさんの神がいるという考えもあるし、仏教のように「神」は登場しない宗教もある。でも、その「神」について、宗教間で、侃々諤々《かんかんがくがく》議論しつづけます。同じキリスト教のなかでも、異端だ何だと言って争ったりします。だからといって、実験や観察によって、この「神様」が本当の神様で、この宗教の神様は存在しないといった判定はできません。結局、本当のこと(そんなことがあればの話ですが)はわからないのです。

倫理だってそうです。戦争に行けば、殺人罪なんて罪は、誰もが忘れてしまうのに、平和時に、隣人とのいさかいでたまたま人を殺してしまうと刑務所に入らなければならない。めちゃくちゃな話です。誰でも納得できる基準などどこにもない。こういう人や状況や時代によって異なる「神」や「倫理」については、語ってはいけない、というのが、ウィトゲンシュタインの立場です。でも、ちょっと考えれば、その通りでしょう。

ようするに、本当のことがわかりもしないのに、駄弁《だべん》を弄《ろう》するな、ということです。

自分や共同体の思いこみによって、いい加減なことを喋ってはいけません、というのです。だからといってウィトゲンシュタインが、神を信じない非倫理的で非宗教的な人間だったかというと、まったく逆でした。誰にも見せない日記のなかでは、「神の奴隷になりたい」としょっちゅう書くくらい宗教的な人間ですし、日常生活では、とても倫理的に厳しい人でした。そういう人だからこそ、神様や倫理について、いい加減なことを言う連中が我慢できなかったのだと思います。

これは、「示す」と「語る」の区別にもつながることだと思います。ウィトゲンシュタインは、この二つの動詞に着目して、『論理哲学論考』のなかで、とても大切な区別をしています。わかりやすい例をだしますと、たとえば、どんなに立派なことを言う人でも、かげでろくでもないことをしている人は結構いるでしょう。口では「思いやりをもとう」などと言いながら（「語る」）、他人の気持ちを考えず冷たい振舞をする人（「示す」）。逆もあるかもしれません。他人をあまりほめず、厳しいことしか言わないのに（「語る」）、知り合いに困ったことがあると、全面的に助けてくれる（「示す」）。つまり、口で語ることと、振舞で示すことの違いです。厳密には、こんなに単純な区別ではないのですが、雰囲気は、こういう感じです。

この違いからすれば、ウィトゲンシュタインにとって、「神」や「倫理」については、「示す」べき事柄であり、「語る」べき事柄ではないということになります。宗教や倫理においては、口でいろいろなことを言うよりも行為こそが大切だということだと思います。「語る」よりも「示す」べきだと言えるでしょう。

それに、じつは、論理も「語りえない」事柄なのです。『論理哲学論考』のなかで、さんざん論理（世界や言語の「骨組み」）について、ウィトゲンシュタインは語っていましたが、本当は論理は語ってはいけないものなのです。ここでも、「示す」と「語る」の違いが重要になってきます。

論理は、前にも話しましたように「骨組み」です。この「骨組み」を、それをもとにできあがっている言葉によって語るのは、ひじょうにおかしなことになります。論理は、世界全体の「骨組み」でもありますが、言葉そのものの「骨組み」でもあるからです。言葉で語っているとき、おのずとその「骨組み」は示されているはずだからです。「骨組み」がなければ、言葉は語れません。だから、「論理」について「語る」というのは、いわば自動車を運転しながら、運転している車の構造をばらばらにして説明しようとしているようなものです。そんなことは、絶対に無理です。大事故を起こして運転手は死んでしまいます。

　車は、走っているとき、その構造をそのままで「示し」ています。それについて「語る」ことは、余計なことなのです。「富士山が美しい」という文があるとき、主語（「富士山が」）があって、述語（「美しい」）があるというのは、この文を見ればおのずとわかります。この文の文法構造（骨組み）は、これ以上「語る」必要がないくらい「示さ」れているのです。

　しかし『論理哲学論考』という本では、論理についてあれこれ書かれています。だからウィトゲンシュタインは、論理を語ってしまった『論理哲学論考』は、余計な本だと言います。本来であれば、あってはいけない本なのです。この本は、「梯子《はしご》」のようなもので、それを使って上に登ったら（世界や言語の構造について理解したら）、捨てなければならないと言っています。使い捨ての「梯子」、それが、『論理哲学論考』という本なのです。つぎのように言っています。


私の文章は、つぎのような仕掛けで説明をしている。私がここで書いていること

を理解する人は、私の文章を通り——私の文章に乗り——私の文章を越えて上ってしまってから、最後に、私の文章がノンセンスであることに気づくのである。（いわば、ハシゴを上ってしまったら、そのハシゴを投げ捨てるにちがいない）
その人は、これらの文章を克服するにちがいない。そうすれば、世界を正しく見ることになる。
（6・54）

こういう意味で、「論理」も「語りえないもの」なのです。何と言っても、語るための「骨組み」だからです。

10 言語ゲーム

ウィトゲンシュタインは、言葉をどのようなものだと考えていたのでしょうか。このことについて考えてみたいと思います。ウィトゲンシュタインは、若い頃に『論理哲学論考』を書いて、哲学の問題は、すべて解決したと思いました。それから、哲学の世界を離れ、小学校の先生や教会の庭師などをしながら生きていました。そして、ふたたび哲学に舞い戻ってきて、『論理哲学論考』とは、かなり異なる哲学を展開します。日常の言葉遣いに着目していくのです。つまり後期のウィトゲンシュタインのいちばんの特徴は、言語が使われる現場から考えたということでしょう。

前期の『論理哲学論考』の頃とはまったく異なり、世界の「骨組み」や言語体系（言葉をまとまった全体と考えること）を想定するのではなく、いまこの場で言葉を使い、いろいろな他の人と言葉のやりとりをしているところから考えるのです。しかも、そのやりとりをしている一人として、現在進行形で言葉についてあれこれ考えていくというやり方です。実際に言葉を使っている〈この場から〉、あくまでも使っている当人として、言葉を考えていく。言葉のやりとりの外側には、絶対に立たないという姿勢を貫きます。あくまでも日常的におこなわれているゲームのプレイヤーとして探究するということなのです。

そして、そのような日常的な言葉のやりとりを、ウィトゲンシュタインは、「**言語ゲーム**」と呼びました。誰でも手軽に普段からおこなうことを指す「ゲーム」なんて言葉を使うのは、とてもウィトゲンシュタインらしいと思います。いっさい難しい言葉は使わない哲学者なのです。私たちに身近な「ゲーム」のようなものとして、言葉を使った活動も存在しているというわけです。そして私たちは、いつもすでに「ゲーム」をしている。言葉を使って日常的に「ゲーム」をしているのです。

その「ゲーム」について、いろいろ考える。言葉は、ゲームのようなものなのだから、日常的に使っている言語を、「言語ゲーム」をしながら考察するというわけです。たとえて言えば、将棋をしている人が、将棋というゲームについて、実際に指しながら考えていく。傍目八目《おかめはちもく》的な（客観的・評論家的）立場に立つのではなく、一手一手どう指すのかをそのつど考えながら、実践的に、将棋とは何かをさらに問いかけていく。これが、ウィトゲンシュタインの方法だと思います。しかもそのさい、ゲームの性質だけではなく、実際に参加している人たちのしぐさや表情までも観察し、それを、言語のやりとりの重要な要素だとみなし考察していくのです。「言語ゲーム」は、言語だけのゲームではなく、総合的なゲームだと言えるでしょう。

べつの言い方をすれば、この言葉のやりとりは、私たちの生活や生き方と密接にかかわりをもっていて、ある種の場を形づくっているのです。それに、そのような場は、もちろん、一つではありません。日々いろんなところで、多くの人たちによって異なった言葉のやりとりがおこなわれています。ゲームにも、いろいろなゲームがあるように、言葉のやりとりも、多種多様なのです。

そして、それらの言葉のやりとりは、同じように続いているわけではなく、ルールがその場で変えられたり、間違いが起こったり、規則違反をおかす人がいたりと、いろいろなことが起きます。日常生活のさまざまな出来事のように、一筋縄ではいかない。これが、ウィトゲンシュタインが言う「言語ゲーム」だと言えるでしょう。

ウィトゲンシュタインが、言葉を習得する過程をとても大切にしているのも、このこととかかわりがあります。言語は、それ自体も、つねに多くの人々によって使われ成長し、ときに停滞します。大小さまざまな多くの「言語ゲーム」による、無数の人々が参加する言語という総合的な営みは、つねに変化しつづけているのです。そのような言語について、できあがった体系として考えたり、変化しないものとしてあつかうのは、言語そのものの本質とかけ離れることになってしまいます。

言語は、われわれがそれを習得するプロセスのように、つねに新しい語や用法が登場し、つぎつぎとレベルがあがり、いくつかの語は忘れ去られていく活動なのです。生きいきとした言語習得の過程のように、普段の言語ゲームも変化し成長しつづけていくというわけです。

ウィトゲンシュタインが、「言語ゲーム」を定義する文章を見てみましょう。『**哲学研究**』にある言葉です。

> こんなふうにも考えることができる。２節〔大工の棟梁が、助手に四つの建築材をもってきてもらう言葉のやりとり――中村〕で言葉を使うプロセス全体は、子どもが母語を習得するときやっているゲームの、ひとつなのだ。そのようなゲームを私は「言語ゲーム」と呼ぶことにする。ときにはプリミティブな言語のことも言語ゲームとみなすつもりだ。
>
> （中略）
>
> 言語だけでなく、言語にまつわる行動もひっくるめて、その全体を、私は「言語ゲーム」と呼ぶことにする。
>
> （『哲学探究』７節）

「言語ゲーム」という言葉を最初に紹介するときに、「母語の習得」「言語にまつわる行動もひっくるめる」といったものを重視しているところに、ウィトゲンシュタイン独自の言語観が、はっきり表れていると言えるでしょう。私たちは、たしかにある年齢になると、母語（幼い頃から習得した言葉）を身につけ、自在に操ることができるようになります。ただ、言葉は生きもののように、どんなときも変化しつづけていますので、母語を身につけたと思った後でも、言葉を習得しつづけているという側面は続いていきます。いや、そもそも「身につけた」と言える段階があるのかどうかさえあやしいものです。たとえば、日本語であれば、私自身読めない漢字は、いまでも山のようにありますし、普段使っている言葉でも、その意味を正確にわかっているかどうか、辞書で調べてみなければ少し不安になるときもあります。

それに、ネイティヴじゃない人が、母語以外の言葉を勉強している場合には、死ぬまでその言語を習得している途中ということになるでしょう。その人の言語体験は、母語を中心に習得中の他の言語がいろいろな意味で入りこんできて、複雑で奥深いものになっているのではないでしょうか。このように、どんな人でも、言語とのかかわりは、つねに習得している途中だと言えます。

だからこそウィトゲンシュタインは、こうした習得の過程を重視したのだと思います。生きて動いている言語のプロセスこそ、言葉の本当の姿なのです。完成した「体系」や、できあがったルールは、言葉の本質ではないということになるでしょう。

言葉のやりとりは、いろいろな種類のものがあります。家族と話すときのことを想定してみましょう。家族と言っても、父親、母親、子どもたち、配偶者、祖父、祖母など、それぞれに対して、言葉の使い方も違うでしょうし、その家族の組み合わせによっても、異なったゲームになります。たとえば、父親が北海道出身で、母親が四国出身だとすると、父親と話すときと母親と話すときとでは、彼らの出身地の言葉の影響によって、微妙な違いがあるでしょう。もちろん父親と母親とでは、話の内容も異なれば、使っている言葉そのものも違います。このように考えると、父親と母親と話すということの二つの言葉のやりとりは、あきらかに、違う「言語ゲーム」なのです。

さらに、父、母、自分と三人での言葉のやりとりになると、また違ったものになるに違いありません。さらに複雑な様相を呈します。そこに、兄弟姉妹が入ってくると、一層複雑な「ゲーム」になっていきます。もちろん、これらのゲームは、似ているところもあれば、違っているところもあるということになりますが。一つの家族ですら、こんなに組み合わせがあるわけですから、家族以外の人たちとの言葉のやりとりの様相や種類は、おそらく無限にあると言っていいでしょう。

そして、そのような無限のやりとり(言語ゲーム)は、類似している点によって重なりあっています。出身地が同じであるとか、性別や趣味嗜好《しこう》など、言語ゲームの参加者のいろいろな要素が、言葉のやりとりの際の関係を複雑にし、言語ゲームの類似性を無限に近いものにしていきます。同じような相手であっても、親しさの度合や、つきあいはじめた年齢、最近会ったかどうかなど、言葉のやりとりは、そのつど変化していきますし、そのような変化する要素は、挙げはじめればきりがありません。こうした無数の言葉のやりとりのあり方をすべて、「言語ゲーム」とウィトゲンシュタインは呼ぶのです。

11 家族のような類似

ウィトゲンシュタインは、私たちの言葉によるやりとりを、「言語ゲーム」という語で表しました。本当に彼らしい言葉遣いです。何と言っても、まったく哲学らしくない。「言葉」（言語）と「ゲーム」という誰でもいつも使う語を結合しただけなのですから。「言葉遊び」と訳したいくらいです。

さて、そのような多くの「言語ゲーム」のとても錯綜《さくそう》した関係をウィトゲンシュタインは、どのように考えていたのでしょうか。そのことについて書いてみたいと思います。

ウィトゲンシュタインは、「ゲーム」という語が、「家族的類似性」（親族や家族の、さまざまに似ている点が重なりあっている状態）といったあり方をしていると言いました。これは、「ゲーム」という語だけではなく、すべての言葉にも当てはまります。たとえばウィトゲンシュタインは、「言語」という語について、つぎのように言っています。

> だが、言語と呼ばれるものすべてに共通する「何か」を指摘するかわりに、私はこう言いたいのだ。それらの現象には何ひとつとして共通するものはない。すべてに対して同じ言葉を使えるような共通項はない。――けれども、それらの現象は、じつにさまざまなやり方で、おたがい親戚関係にある。この親戚関係ゆえに、またはこれらの親戚関係ゆえに、私たちは、それらの現象をすべて「言語」と呼んでいるのだ。
>
> （『哲学探究』65節）

ここでは、同じ「言語」という語を使っているからといって、共通した性質をもったものを指しているわけではないと言っています。複数のさまざまな似ている点が、重なりあって、一つの漠然とした集合体を形成しているようなものなのです。このようなあり方を「家族的類似」とウィトゲンシュタインは呼びます。

家族や親族が集まったとき、さまざまな似ている点が、そこには見いだせるでしょう。眉の特徴、鼻の形、話し方、声、性格、身長など、さまざまな特徴が、多くの親戚のあいだで重なりあって似ている。一つの家族や親戚は、ただ一つの共通した特徴をもっているわけでは決してない、「似ている点」がさまざまに関係しあっているというのです。言われてみれば当たり前のことですが、ついわれわれは、「言語」や「言語ゲーム」という名詞を頭に浮かべると、同じ特徴をもった一つの集まりを考えてしまいます。同じ共通した特徴をもっているからこそ、同一の語で表現されているのだと思ってしまうのです。でも、語が同じだけで、その対象が同じでなければならないなどということはないはずです。言語の世界と、われわれが生きている世界とは、まったく違った性質をもっているのですから。私たちのこの世界は、唯一無二の無数の事物が、複雑な関係をなしているのです。まさに「家族的類似」と言えるでしょう。

この家族的類似を、ウィトゲンシュタインは、「ゲーム」という語について、つぎのように説明します。

> **たとえば、「ゲーム」と呼ばれるプロセスを観察してみよう。ボードゲーム、カードゲーム、ボールゲーム、格闘ゲームなどのことだ。これらすべてに共通するものは、なんだろう？——「なにか共通するものがあるにちがいない。でないと、『ゲーム』と呼ばれないだろう」などと言わないでほしい。（中略）というのも、よく見てみると、すべてに共通するようなものは見えないけれど、類似点や親戚関係が見えてくるだろう。**
>
> **（同書、66節）**

われわれの「言語ゲーム」も同じでしょう。さまざまな言葉のやりとりがあるからです。たとえば「二人だけの会話」という点で考えれば、親子や恋人同士、一対一の口喧嘩、先生に叱られる一人の生徒など、いろいろなパターンがあります。いずれも

「二人で話す」という共通点（類似しているところ）を指摘できるでしょう。

他にも、一人が多くの人の前で話すという「言語ゲーム」もあります。学校の授業、コンサートのMC、討論番組の司会、国会での演説など、これもいろいろあります。そして、これらの二つの「言語ゲーム」のなかでも類似点によって、べつの集合ができるでしょう。たとえば、「親しく話す」という類似であれば、「親子、恋人同士、コンサートのMC」という集合ができますし、「とげとげしい話し合い」という類似であれば、「口喧嘩、先生に叱られる生徒、討論番組の司会」などになりますし、「教育現場での言語ゲーム」という共通要素であれば、「先生に叱られる生徒、学校の授業」などが、似ていることになります。

たったこれだけの「言語ゲーム」の例でも、いくつかの類似性の網の目ができます。われわれの「言語ゲーム」の膨大さを考えれば、こういう類似が無数にあることになります。そうすると、多くの類似性が重なりあい、集合の大きさもそれぞれ異なる、さまざまな関係がそこにあることになるでしょう。

ウィトゲンシュタインが、「ゲーム」という語で説明しているように、将棋も囲碁もチェスもオセロも、野球もサッカーも、マージャンもトランプも「ゲーム」ですし、場合によっては、恋愛も政治も戦争も「ゲーム」と言えるかもしれません。参加人数、身体的接触の有無、方法、屋外屋内の違い、観客の有無などなど、多くの類似点と多くの相違点をもつ集まりを「ゲーム」と言っていることになります。

そうなると、「ゲーム」という言葉は、はっきりした範囲をもつ概念ではなく、とても漠然とした領域だと言えるでしょう。「ゲーム」という語は、他の語とも共通部分をもつものであり、その境界は、ずるずると他の語へ移行していくのです。もちろん、「ゲーム」以外の語も、「家族的類似」によって、ぼんやりとした集合をなしています。ですから、たとえば「二人ですること」という共通項であれば、「デート」「握手」「漫才の稽古」などといった「ゲーム」以外の集合とも重なりあうことになります。

このような「家族的類似」によって、一つの語の集まりは、できあがっています。同じように、われわれの「言語ゲーム」という言語活動も、「家族的類似」で成りたっていると言えるでしょう。

この視点にたつと、ウィトゲンシュタインは、言語を、ダイナミックに変化していくものとして、さまざまな要素をもち、ほかのいろいろな活動とも境目なくかかわっていくものだと考えていたことがわかります。ウィトゲンシュタインが考える「言語」とは、いっときも静止せず、変化し成長していく動的プロセスのことだったのです。

12 言葉の意味

ウィトゲンシュタインにとって、言葉は、とても重要な問題です。言葉は、私たちの生活に密着しているからです。言葉なしでは、人間は、何も始められません。言葉が通じない外国で一人で生活した人には、切実にわかると思いますが、言葉は、われわれ人間にとって本当に大切なものだと思います。われわれが言葉を使うというのは、生活の仕方（「**生活形式**」と言います）そのものだと、ウィトゲンシュタインも言います。言葉とわれわれの生き方は、決して切りはなせないのです。生まれた時からずっとわれわれは、言葉と一緒に生きているのですから。

そんな言葉について考えてみましょう。まずは、「意味」ということから。ウィトゲンシュタインは、「言葉の意味は、それを使うことだ」と言いました。それは、どういうことでしょうか。まずは、そう書いている部分を引用してみましょう。『哲学探究』の43節です。

「意味」という単語が使われる——すべての場合ではないにしても——ほとんどの場合、この単語はつぎのように説明できる。単語の意味とは、言語におけるその使われ方である、と。
そして名前の意味は、ときには、その名前の担い手を指さすことによって説明されることもある。

そもそも「言葉の意味」と言ったとき、私たちは、どんなことをイメージするでしょうか。たとえば「パソコン」という語の意味を考えてみましょう。一番わかりやすいのは、「パソコンそのもの」だというものでしょう。「パソコン」という語の意味は、「パソコンそのもの」だ、というわけです。だって、「パソコン」という語は、「パソコンそのもの」を指しているのですから。「このパソコンいくらですか?」とパソコン店の店員さんに尋ねれば、目の前のパソコンの値段を答えるに決まっています。そのとき、「パソコン」という語は、目の前のパソコンのことを「意味して」います。たしかにウィトゲンシュタインも言うように、「名前の意味は、名前の担い手を指す」のです。

ところが言葉は、「パソコン」のように、目の前にあるものを指し示すものばかりとはかぎりません。たしかに、「チョコレート」や「家」や「道路」や「吉野家」や「中村昇」といったわかりやすい物や人を指している語もありますが、それ以外にも、言葉の種類は、やまほどあります。いま挙げた語と同じ種類の名詞にだって、いろいろな種類があります。

たとえば「友情」はどうでしょうか。どこにも指し示す対象はありません。それらしい人間を二人思い浮かべれば、「友情」らしい風景はできますが、それは「友情そのもの」ではないでしょう。あるいは、「通常」という名詞はどうでしょう。この名詞が対象とするものを想定できるでしょうか。「友情」よりかなり難しいのではないでしょうか。それでは、「抽象」という名詞はどうでしょう。「抽象」という名詞自体が、かなり抽象的なので、何かを指しているのでは、と思っても具体的にこれといったものは、まったく浮かびません。

こうして、さまざまな名詞を思い浮かべてみると、とてもじゃないけど、「チョコレート」や「テーブル」や固有名詞のようにはいきません。指し示す対象である物自体が、わかりやすく存在していないからです。それに、わかりやすい固有名詞だって、対象が意味だとするとおかしなことになります。中村昇の意味が、中村昇という戸籍名をもった人間だとしたら、中村が生きているうちは、たしかにその対象は、存在していています。でも、いずれ死んでしまうわけですから、その対象は、この世界に存在しなくなります。そうすると、固有名詞「中村昇」の意味は、消えてしまうのでしょうか。中村昇の死後、「中村昇」という名詞を使って思い出話をしているとき、その「中村昇」という名詞は、意味をもっていないのでしょうか。

それに、言葉は、もちろん名詞だけではありません。他にもいろいろな種類があります。動詞、形容詞、接続詞、副詞、助詞、助動詞、どれをとっても、名詞とは比べものにならないくらい具体的ではありません。つまり、対象を特定するのは、なかなか難しい。「歩く」という動詞だって、「歩く人」であれば、どうにかなりますが、「歩く」そのものは、どうにもなりません。非常に抽象的なものです。「美しい」もまったく同じですね。「美しい人」や「美しい絵」であれば、どうにか対象のようなものを思い浮かべられますが、「美しい」そのものは、どうにもできません。「しかし」「とっても」「ない」「と」など、他の品詞は、とりつく島もありません。

このように考えれば、言葉の意味は、それが指し示す対象だというのは、意味の定義としては、そもそも無理だということになるでしょう。それでは、あらためて言葉の意味とは何か。ウィトゲンシュタインがだした答は、「使用」だというものでした。これはどういうことでしょうか。ちょっと角度を変えて考えてみましょう。私たちが、「言葉の意味」をわかっていると言うのは、どういうときでしょうか。「あ、この人は、ちゃんとこの単語の意味がわかっている」と思うのは、どういうときでしょうか。

たしかに、ある言葉の意味がわからないとき、たとえば「ウイルス」という語の正確な意味がわからないとき、感染症の専門家に質問すると、正確な答が返ってきます。「なるほど、そういう意味か」とわれわれは納得します。そして、その専門家が、（当たり前だけれど）「ウイルス」の意味がわかっているということになるでしょう。

でも、そういうケースはまれでしょう。いちいち語の意味を尋ねて歩くわけにはいきません。それに、名詞だけではないので、説明しづらい言葉だってあります。それでは、どういうときに、その人が「語の意味」をわかっていると言えるのでしょうか。

たとえば、久しぶりに会った友だちに、「最近どんなものを食べてるの？」と訊くと、「そうね、最近は、ルービックキューブばかり食べているよ」と相手が答えたとします。そうすると、私は、その友達が、「ルービックキューブ」という言葉の意味をわかっていないんだな、と思うでしょう（もちろん、「ルービックキューブ」というとんでもない名前の料理をだすお店がなければの話ですが）。

あるいは、日本語を勉強している外国の友達に「「私が食べます」と「私は食べます」との違いは何ですか？」と尋ねられたとします。国語学者でもないかぎり、正確には答えられないでしょう。ただ、そんな人でも、日本語を小さい頃から、母語としてマスターしているのであれば、「が」と「は」の違いは、説明はできないけれども、具体的な文章のなかで、間違うことなくちゃんと使い分けることができるはずです。

つまり、われわれが、言葉の意味をわかっていると言うとき、それを間違うことなくちゃんと使えているということを意味することになるのです。「ルービックキューブ」は食べ物ではなく、「私が食べます」と「私は食べます」は、文脈によって、微妙な違いがあるということ、それらのことを充分わかったうえで、実際の言語ゲームで、他の人と同じように使うことができるというのが、言葉の意味を分かって（体得して）いるということになります。

こういう意味で、**言葉の意味は使用**なのです。ちゃんと使えれば、意味を理解しているということなのです。意味が、その言葉とべつのところに存在しているのではなく、実際に使っている場面での、言葉の使用そのものだと言えるかもしれません。「意味」は、使っている現場とはべつのところに（たとえば「辞書」のなかに、たとえばわれわれの脳のなかに、たとえばイデア的な世界に）、存在してはいないのです。言葉のやりとりが問題なく進行しているときに、その裏面にあるもの（もちろん、「もの」のように存在しているわけではありませんが）といった感じでしょうか。しかも、もちろん、それは、一語一語の裏面ではなく、文全体のやりとりのなかに、見え隠れしていると言った方がいいかもしれません。

だから、ウィトゲンシュタイン的に考えるならば、〈語の意味〉といったものは、リンゴやお茶碗みたいに、はっきりとどこかに存在しているわけではない。いろいろな言葉のやりとりのなかで、――もし「意味」というものがあるとしたらの話ですが――、ちゃんと言葉を使っているのかどうかということと深くかかわって存在している。つまり、その人の言葉の使い方を見ていれば、「この人は、この語の意味がわかっている」という言い方ができるということでしょう。「意味」というのは、あくまでも、言語使用の現場に後から登場するものだということになります。

内側に「意味」なるものがあって、それを語で表現したのではない。語が最初から使われていて、その語をちゃんと間違いなく（他の人が違和感をもたないように）会話で使っているときに、「意味」なるものがあると言えばある、といった感じです。つまり「意味」などという面倒なことを言わなくても、会話はスムーズに進んでいるし、コミュニケーションは充分とれている、そこであえて、「言葉の意味って何？」と訊かれたときに、どうしても答えようとすると、「その語を間違って使わずに、他の人の使い方とも矛盾しない場合、その語の意味をわかっている、と言いますね」とでも答えておく、という感じでしょうか。

だから、強い言い方をすれば、「言葉の意味など存在しない」と言うこともできるでしょう。すくなくとも、「はい、これが意味です」と目の前に差しだせるようなものではまったくない。その語と関係している「対象」でもなく、その語によって浮かぶ「イメージ」でもない。でも、もし「意味」が「ある」とすれば、言葉をちゃんと使っているときに、その言葉の「意味はある」と言えるということでしょうか。このような言い方をするのであれば、「意味」という語を、使ってもいいのではないかということになるでしょう。

13 私だけの言葉

私たちは、言葉を使って日常生活を営んでいます。何か用事を頼むとき、挨拶するとき、何かを教えるとき、質問するとき、すべて言葉を使います。挨拶や簡単な用事を頼むときは、ほとんど決まった言い方なので、それほど問題は起きないでしょう。決まり文句のやりとりだからです。「おはよう」と言えば「おはよう」と返し、「そのコップをとって」と言われれば「はい」と言って、コップをとってあげればいいだけですから。

でもこれも、よく考えると、とても不思議な習慣です。挨拶などは、とくに何の意味ももっていないとも言えるでしょう。ただ、音を発しあうことで、安心する儀式のようです。この行為には、気持ちや意味は、まったく入っていないかのようです。もちろん、とても大切な儀式ではあるのですが。

　このような日常のやりとりは、ある意味で、言葉の表面的な受け答え、あるいはキャッチボールと言えるかもしれません。言葉という共通の音を発し合って、おおよそ決まった反応をし合う。たしかに、そこに意味らしきものはあるかもしれませんが、でも、それほど大きな役割はもっていないような気がします。とりあえず、言葉がこちらに投げられたら、適当に言葉を投げ返すだけ。まさにキャッチボールです。

　ところが、そのようなわかりやすい言葉の投げ合いではなく、辞書には載っていない言葉を、どうしても使いたくなったとしたらどうでしょう。いままで誰も使ったことがない言葉を、使いたくなったらどうでしょう。自分で、その言葉を創るしかないでしょう。

　たとえば「手痛い失恋をし、一年ぐらいたって、やっと傷は癒《い》えたのだが、ときどき訪れる、私だけが感じる深い空虚感のようなもの」。たしかにいま言葉にしたので、このような「空虚感」だとわかることはわかるのですが、この言葉を創ろうとしているこの人だけが感じているものなので、この説明では、決して尽くされていません。本人の感情である〈それ〉とは、かけはなれています。

なぜなら、その人が失恋した相手の表情や仕種《しぐさ》、一緒にでかけた場所、会話の数々、その相手の優しさや最後の別れの会話など、多くのごく個人的な記憶が、その「空虚感のようなもの」にたっぷりつまっているからです。だから、さっきのような長い文で説明したとしても、それは、その人の〈本当の気持ち〉には、絶対届かないのです。

あるいは、ときどき感じる左の脇腹の違和感。痛いというほどでもないし、苦しいわけでももちろんない。ただ、少しだけ脇腹のその特定の部分が、周りから離れていくような変な感じ。これは、どうでしょう。これも、本人には、わかっているのですが、それを言葉にして説明しようとすると、とてつもなく難しい。と言うか、不可能でしょう。

さっきの「空虚感のようなもの」にしても、この「違和感」にしても、こうして言葉にしたとたんに、誰でもわかる内容には、たしかになります。いや正確に言うと、わかった気にはなる。それは、これらの言葉を聞いた人が、日本語を知っているからであり、その説明のなかで使われている語を、自分も使い慣れているからです。

でも、そのように使い慣れた語によって理解したと思っている意味は、そのもともとの「空虚感のようなもの」や「違和感」には、決してたどり着かない。それは、そのような〈空虚感のようなもの〉や〈違和感〉のもつ、複雑で、ひじょうに個人的で唯一無二の内容が、言葉になったとたんに消えてしまっているからです。言葉というものは、誰にでもわかり、誰もが使うもので、それぞれの使い手の内面や私的領域とは、まったく異なるものなのです。だからこそ言葉は、万人が使えるものになっているわけです。ウィトゲンシュタインは、こういった「私だけの言葉」をつぎのように説明しています。

ところで、誰かが自分の内的体験を――自分の感情や気分などを――自分だけのために書きとめたり、しゃべったりできるような言語というものを考えられないだろうか？――そういうことなら、私たちの普通の言語でできるのでは？――いや、そうじゃない。私の考えている言語の単語は、しゃべる人だけにしかわからないことを意味しているものなのだ。その人の、じかの、私的な感覚を指示しているもの

なのである。他人には理解できない言語なのである。

（『哲学探究』243節）

ここでウィトゲンシュタインもはっきり言っているように、こうした自分の内的体験を表す言語は、結局は「他人には理解できない言語」にならざるをえません。でも、それはつまり、言語ではないことになるでしょう。言語というのが、他の人とコミュニケーションするためのものであるならば、自分だけが理解できる言葉を創ったところで、何の意味もありません。自分だけがわかっていればいいのであれば、言葉は必要ないからです。自分の内側の事柄を表すにしても、われわれは、誰でもわかる外側の言語を使うことしかできないからです。そうして、会話は成りたつのです。つまり、内側のものは、内側のままでは会話に登場しません。かならず、誰のものでもない「外側の言語」に変質してしまうのです。と言うより、「外側の言語」だけが最初から存在しているのです。

逆に言うと、だからこそ、コミュニケーションが成りたっているとも言えます。たとえば、久しぶりに会った友人に、「最近どう？　元気？」ときかれて、その時のさまざまなプライベートな状況や心身の状態（純粋に〈内的なもの〉）を正確に相手に伝えようと、いくら言葉を尽くしたとしても、それをそのまま表現するのは無理でしょう。そもそも自分のなかでも、どう言葉にしていいか、思い悩み黙りこんでしまうのが関の山だと思います。

だからこそわれわれは、当たり障《さわ》りのない「元気だよ」とか「ちょっと調子が悪い」といった（自らの本当の複雑な状態に比べれば）ほとんど何も言っていないに等しいことを口にして、その場をやりすごすのです。私たちは、日ごろの言葉のやりとりでは、いつも、こうしてやりすごしているだけなのです。われわれの会話の多くは、このような表面的で儀式的なやりとりに終始していると言えるでしょう。この儀式的なやりとりは、挨拶に限りなく近いと言ってもいいかもしれません。

だから、ウィトゲンシュタインが言うように、私たちの**「私的」なものは、決して言語化できません**。もし言語化できたと思ったら、それは、すでに「私的で自分だけのもの」では、なくなっているのです。これが、「誰のものでもあり、誰のものでもない」言葉の最大の特徴だと言えるでしょう。良い悪いは、べつとして。

14 文法による間違い

ウィトゲンシュタインは、若い頃書いた『論理哲学論考』のなかでも、そう言っていますが、哲学は、「言語批判」だと言います。この姿勢は、晩年までずっともちつづけていました。言ってみれば、ウィトゲンシュタインの哲学は、最初から最後まで「言語批判」だったと言えるでしょう。もちろん、二人のウィトゲンシュタインがいると言われるように、若い頃のウィトゲンシュタインと歳をとったウィトゲンシュタインとでは、この言語批判の内容は異なっています。でも、生涯徹底して言葉にこだわったというのは、同じだと思います。

なぜ、言葉にこだわったかというと、私たちの生活に言葉は、深く入りこんでいるからです。入りこんでいるだけならいいのですが、入りこんでいるために、私たちが、いろいろと勘違いをおかしてしまうのです。私たちの生活の一部であり、ものを考えるためには、どうしても必要な言葉が、私たちにときどき悪い影響を及ぼしている。それに気づかせようとするのが、哲学だというわけです。私たちの日常の言葉遣いをチェックして、ちょっとおかしいところを指摘していく。これがウィトゲンシュタインの後期の哲学だと言えるでしょう。そういう意味での「言語批判」なのです。

だから、ウィトゲンシュタインは、とくに新しいことを言っているわけではない。われわれの言葉の使い方を「記述」し、その問題点を指摘していくだけなのです。とくに哲学者のものの言い方に、この問題は、よく表れているので、いままでの哲学者の間違いに注目します。必要のない問題をつくったり、本当は議論するまでもないことを議論したりする哲学者たちを批判するのです。もちろん、一般の言葉の使い方にも、このことは影響を与えますので、われわれの言葉遣いも、とても大きな問題だと言えるでしょう。

こういう話をするとき、ウィトゲンシュタインは、「**文法**」という語を使います。

「文法」と言えば、学校で習う言葉の仕組みのことですが、ウィトゲンシュタインが主に相手にするのは、そっちの「文法」ではありません。学校で習う文法のことは、ウィトゲンシュタインは「表層文法」と言っています。われわれの言葉の構造や仕組みのことを意味しています。もちろん、そういう意味での「文法」という使い方も、ウィトゲンシュタインはします。でも、ウィトゲンシュタインが、問題にしているのは、もう一つの「文法」です。これを、ウィトゲンシュタインは、「深層文法」と呼んでいます。こっちの「文法」は、私たちが普段は気づいていない言葉のもろもろの性質とでも言えるものでしょうか。あるいは、「言葉の無意識」とも言えるかもしれません。「無意識」という概念を表舞台にひっぱりだした精神分析のフロイトに対しては、ウィトゲンシュタインは、とても複雑な感情をいだいていましたので、あまり安易にこういう言い方はしてはいけないかもしれませんが。

さて、その「深層文法」とは、どのようなものでしょうか。いままで書いたことと も、重なるかもしれませんが、この「文法」について考えてみたいと思います。こっちの「文法」によって、私たちは、よく間違いをおかしてしまう。これを、ウィトゲンシュタインは、「**文法による間違い**」などと言います。それについて見ていきましょう。

たしかに私たちは、言葉をもっていることで、いろいろ好都合なことも山ほどあります。何だかんだと用事を人に頼むことができる。悩みごとがあったら、親しい人に相談できる。落語や漫才で笑うことができる。映画や小説の内容を理解することができる。必要な約束を他人とすることができる。宇宙や地球がどんなふうになっているのかも説明できる。などなどたくさんあります。私たち人間が、もし言葉をもっていなかったら、これらの大切なことや楽しいことがすべて経験できなくなるのです。ずいぶん味気のない生活になってしまうでしょう。

それに、言葉がなければ、私たちが生きているこの現実をうまく処理できないかもしれません。私たちの周りの世界の様子を、私たちが認識する、つまり、あれやこれやがわかるために、言葉はどうしても必要なものだという考えもあるからです。たとえば、「空」という単語がなければ、空そのものを見ることができない。「空」という言葉があるから、地上と空とを分けて見ることができるようになるというわけです。単語が先で、それによって認識ができるようになるというわけです。極端な考え方ですが、たとえば私が、植物学者と一緒に森に入ったとしたら、植物の名前を、私よりはるかに多く知っている植物学者の方が、森を複雑に細かく見ているに違いないのです。私が、漠然と木々や草や花を見るだけなのに対して、彼は、無数に近い植物や木々の名前で、森を細分化して見ているはずです。植物の名詞をたくさん知っているので、森がひじょうに細かく分けられて目に入ってくるというわけです。

こうした観点からすれば、もし言葉がなければ、世界はまるっきり異なったものになるのではないでしょうか。もし言葉がなければ、われわれの周りは、どこまでいっても切れ目のない渾沌《こんとん》としたものになるかもしれません。夢のなかで経験するような変容しつづける状態が、目の前で展開されるかもしれません。このような状態でも、生きていけないことはないでしょうが、現在の言葉を使った生き方からすると、ずいぶん違ったものになるでしょう。とても面倒なことになるのは間違いありません。世界を切り分けて、わかりやすく見たり描写したりできませんし、そもそも他の人にちょっとした用事を頼むこともできなくなります。大切な会話など思いもよりません。だから、私たちが言葉をもっているというのは、とても大きな出来事だと言えるでしょう。言うまでもなく、進化史のなかの巨大な一歩だったのです。

でも、このことによって、不都合なことも多くでてきました。便利なだけに、その便利さのかげに隠れて、言葉によって間違いが起きたり、大切なことが隠されてしまうことも生じたというわけです。ウィトゲンシュタインが問題視するのは、こうした言語の不都合なところなのです。私たちの生活に密着している言語は、密着しているだけに、その不都合なところになかなか気づくことができません。言葉は、どのようにして私たちを間違わせているのでしょうか。

ウィトゲンシュタインが指摘するのは、言葉のもっている「文法」による先入見のようなものです。言葉は言葉で自律していますので、それ独自の構造があります。言葉だけの世界をもっていると言えるでしょう。その世界は、われわれの現実の世界と関係をもってはいるけれども、対応しているというわけではありません。前にも書きましたが、どんな品詞でも、同じ姿形をしています。品詞によっては（あるいは、同じ品詞でも）、まったく異なるはたらきをするのに、同じ形（文字、音）をしているので、つい同じはたらきをするものだと勘違いしてしまいます。

「空気」と「機械」と「愛情」と「動物」といった二字熟語を考えてみましょう。どれも同じ漢字という形をしていて、しかも二字ですので、つい同じようなものだと思ってしまいます。でも「空気」と「機械」とでは、水と油くらい違いますし、「愛情」と「動物」とでは、これまたずいぶん違います。

たとえば「空気」という語は、もっと気体的なあり方（よく見ないと見えないような薄い文字で書かれていて、ときどき消えるとか）をしていて、「機械」という語は、もっと固体的でごつごつしたもの（硬くて、触ると痛いごわごわした文字）であるならば、見て触れれば、その違いはわかるでしょう。「空気」と「機械」は、とても違ったものだと言葉だけで類推できます。「愛情」と「動物」だって同じです。「愛情」という語は、ものすごく真っ赤な色をしていて濃く渦巻いていて、「動物」という語は、獣のような臭いのする軟らかい文字だとすれば、これまた、「愛情」や「動物」のことが、文字を見て嗅《か》いだだけで何となくわかるでしょう。

ところが、われわれが使っている語は、そのような特徴はもっていません。一律に、同じ漢字の姿をこちらに見せています。その違いは、文字や音からは、まったくわかりません。そういう文字を小さい頃から無数の機会に使っていると、同じ姿の言葉の背後には、同じ事柄が潜《ひそ》んでいるとつい無意識のうちに思ってしまうのではないでしょうか。これが、言葉の「文法」という陥穽《かんせい》です。この落とし穴に知らず知らずのうちにはまっている可能性が高いのです。

たとえば「この部屋には空気がある」という文を考えてみましょう。これは、もちろん間違った文ではありません。その通りです。物質としての「空気」が、この部屋に充満しています。ところが、「この部屋には椅子がある」という文を、この文の横に並べてみると、どうでしょう。こちらの文も、間違ってはいません。部屋のなかに物体としての「椅子」がぽつんと置いてあるからです。ところが、この二つの文を並べてみると、「この部屋には～がある」という構造が同じです。そして一箇所だけ「～」の部分が違うだけなので、つい「空気」と「椅子」が、同じようなものだと思ってしまいます。しかも、何度も言っているように、「空気」と「椅子」は、同じ二字熟語です。でも、当たり前ですが、「空気」と「椅子」は、まったく違いますし、それぞれが「ある」ということの意味も、全然違います。ところが、こうして同じ構造の文にしてしまうと、何だか「空気」と「椅子」が同じものであるかのような気になってしまうのです。

ウィトゲンシュタインは、『哲学探究』の３０８節では、「心のなかの出来事」という語について、文法の罠にはまってしまう過程を、比喩的に手品師にだまされることとして記述しています。どういうことでしょうか。「心のなかの出来事」という語をつくってしまうと、そこで、すでに手品師の罠にかかっているというのです。この語によって、あたかも心のなかで、ある種の「出来事」が起こっているかのように思ってしまうからです。われわれがよく使う言葉であるにもかかわらず、落とし穴は、すでにきちんとできあがっているというわけです。心のなかで、たとえば、「交通事故」のような、あるいは、「人生を左右する事件」のような「出来事」が起こっているという先入見を抱いてしまう。そうすると、もろもろの出来事を構成する要素が、「心」のなかにもあるかのように、最初から思ってしまうというわけです。「心」は、「交通事故」や「人生を左右する事件」などとは、まったく関係のない〈何か〉なのに。まるで、「空気」が「椅子」と同じ固体的あり方をしていると思いこんでしまうのと同じように錯覚してしまうのです。

　これが、ウィトゲンシュタインの言う「文法的な間違い」です。言葉の都合によって、私たちがだまされてしまうというわけです。言葉は、われわれの都合とは、かかわりなくそれだけで成立しているので、どうしても私たちは振り回されてしまいます。私は、小学校の頃「親友」という語がとても苦手でした。誰が「親友」で、どういう友だちを「親友」と呼ぶのか、一人で密かに悩んでいました。いま考えれば、どうでもいいことですが、その頃は、「親友」という言葉に振り回されていたのです。「親友」という言葉があるのだから、そういう友だちが存在しているはずだと強く思っていたのです。「恋人」とか「つきあう」といった語も、同じような面倒を惹《ひ》き起こしやすい言葉だと思います。どんな人づきあいだろうが、それぞれの関係は、唯一無二のものであり、それが「つきあっている関係」なのか、「恋人」なのか、どうでもいいのに、言葉が最初にあるものだから、この関係はどうだろうかと悩んでしまうというわけです。いま「つきあっている」相手は、「恋人」なのか、「恋人未満」なのか、ただの「友人」なのか、考えこんでしまうのです。そんなこと、言葉に振り回されているだけなのに。本当にどうでもいいことなのに、それにわれわれは気づかないのです。

こうして私たちは、日々、「文法」によって、罠をしかけられていると言えるでしょう。その罠を、一つ一つ指摘していくのが、ウィトゲンシュタインの言う「哲学」という営為なのです。

15 本物の持続

ウィトゲンシュタインは、「**本物の持続**」（echte Dauer）という面白いことを言っています。この言葉の意味は、「私たちの現実の世界に、時間の幅をもって登場していること」ということです。その「時間の幅」を、「本物の持続」と言っているのです。私たちの行為は、通常、時間の幅が必要です。たとえば「食べる」や「歩く」という行為は、ある程度の時間がなければできません。ウィトゲンシュタイン流の言い方をすれば、これらの動詞には、「本物の持続」があるのです。美味しいお蕎麦を食べ始め、つるつると食べ終わり、最後には、蕎麦湯を飲んでおしまい。たしかにある程度の時間が必要です。これを、「本物の持続」と呼んでいるのです。このような性質をもった動詞は、けっこうたくさんあります。「歩く」「走る」「眠る」「考える」「思う」「疑う」などなど、ほとんどの動詞がそうではないかと思うくらいです。

「食べる」や「歩く」という動詞で表された事態を実現するためには、具体的にお蕎麦を食べたり、八王子から新宿まで（結構な距離ですが）歩いたりしなければならない。そして、それを実行すると、当然のことながら時間がかかるというわけです。食べたり、歩いたりすれば、「本物の持続」が経過するというのです。なぜ、こんな当たり前のことを、ウィトゲンシュタインはわざわざ言うのでしょうか。

それは、このような「本物の持続」をもたない動詞もあるからです。たとえば、どのような動詞でしょうか。まず実現していない可能性についての動詞があります。一番わかりやすいのは、「できる」という動詞です。

「私はさかあがりができる」と人前で自慢げに言ったとしても、その「さかあがりができる」ということ自体は、「本物の持続」は、もちません。「私はさかあがりができる」という一文を口にするためには、もちろん「本物の持続」が必要です。時間の幅がなければ、一語だって発言することはできません。でも、この発言は、「話す」や

「言う」や「喋る」といった動詞で表される行為です。この文そのものの発言は、「できる」とは関係がありません。

「食べる」や「歩く」と同じ動詞なのに、「できる」は大きく性質を異にしています。どんなに「できる」と言っても、そのままでは、具体的に現れることはないのです。つまり、「さかあがりができる」は、この時空には絶対に現れないのです。もちろん、実際にさかあがりをするためには、「本物の持続」が必要です。具体的な時間のなかで、エイヤッとさかあがりをしなければならないからです。5〜10秒くらいは必要でしょうか。でも、それは、「さかあがりをする」という事態なのであって、「さかあがりができる」ではありません。

同じような話ですが、たとえばアメリカの友人が「私は納豆を食べることができます」と言ったとしても、そのこと自体は実際の時の流れにのることはありません。「食べる」は「本物の持続」をもつけれども、「食べることができる」は、もたないのです、繰り返しになりますが。「八王子から新宿だったら、一時間もあれば歩くことができる」と途方もないことを言う人がいても、それを証明するには、実際に歩いてみなければならない。歩くという「本物の持続」をこの人が経験しなければ、この人の言うことを誰も信じません。「できる」というのは、そのような動詞なのです。能力を表す「できる」は、つねに可能性のなかにあって、現実化されることはありません。現実化されたとたんに、べつの動詞（さかあがりする、食べる）になってしまいます。

ようするに、「食べることができる」「歩くことができる」と強調したとしても、「できる」という動詞は、「食べる」や「歩く」と違って、「本物の持続」とまったく縁がないので、この現実世界に登場することはないということです。「できる」という能力を表す動詞は、時間の幅（「本物の持続」）をまったくもっていない。言いかえれば、「能力」と「時間」とは、お互い少しもかかわりあいがないとも言えるでしょう。すれ違うことすらない無縁な概念同士なのです。

他にも、「本物の持続」をもたない動詞は、あるのでしょうか。たとえば「信じる」は、どうでしょう。たしかに「あの頃は、あの人のことを信じていたのに、いまじゃもうすっかり信じられなくなった」などと言うことはあるでしょう。一定期間、信じるという状態が続いたかのようです。でも具体的に、「あの人のことを一時間だけ信じてみます」と言って、ストップウォッチで一時間「信じる」という行為をできるで

しょうか。これはなかなか難しい。具体的に何をすればいいのか見当もつきません。信じる相手の顔を思い浮かべて「信じてる！」という想念でも送るのでしょうか。しかし、それが本当に「信じる」という行為なのかどうか、とても曖昧です。「相手の顔をイメージする」や「相手へ念を送りつづける」という動詞と、どう違うのでしょうか。やはり、「信じる」という動詞は、はっきりした形で「本物の持続」をもっているとは、言えないのではないでしょうか。

あるいは「知っている」という動詞はどうでしょう。「あのタレントさん知ってる」という一つの事態は、時間の幅をもたないのではないでしょうか。テレビで顔を見たら名前が言えるのであれば、「知っている」ことになるからです。もちろん、「テレビを見て、タレントの名前を言う」というのは、「本物の持続」をもつ行為です。「見て、言う」ためには、時間がかかるからです。「わかる」という動詞はどうでしょう。「わかる」もまた同じだと思います。この「わかる」は、「できる」ととても似ています。たとえば「この連立方程式の解、わかるよ」というのは、「この連立方程式を解くことができる」ということですし、「この物理学者たちの集合写真のなかの、どの人がシュレーディンガーだかわかるよ」というのは、「シュレーディンガーを識別することができる」ということだからです。

「わかる」というのは、現実の世界に持続というあり方では現れませんが、その「わかる」の中身を実際に現実で展開するときには、かならず「本物の持続」が必要です。「連立方程式を解く」「シュレーディンガーを指さす」といった時間の経過のなかでおこなわれる行為が、「わかる」の展開だからです。このように考えれば、「できる」も「わかる」も、可能性の状態（この「状態」という語も使い方に注意しなければなりません。時間の幅を前提しているような気になりますから）を示す動詞だということになるでしょう。だから、これらの可能性が現実化するとき、他の動詞になって時間の幅（本物の持続）をもつということだと思います。

あるいは「覚えている」という動詞はどうでしょうか。これもまた可能性っぽいですね。過去の出来事を「覚えている」というのは、現時点で、何かが実現されているわけではない。「覚えている」ことが現実化するとき、その「覚えていた」ものを言語化し、「言ったり」「語ったり」しなければならないからです。「覚えている」状態が、そのままの姿で現実に登場することはありません。登場したら、べつの動詞になり、「覚えている」は、かならず過去形（「覚えていた」）になってしまいます。これも不思議な動詞だと言えるでしょう。

ウィトゲンシュタインが言いたいのは、このような「本物の持続」をもたない動詞が、いくつかある。でも、それらの動詞は、「本物の持続」をかならずともなう多くの動詞と、形も使い方もそれほど違わない。だから私たちは、「本物の持続」をもたない動詞も、あたかも「本物の持続」をもっているかのように錯覚してしまうということだと思います。これもまた、われわれが言葉の「文法」にだまされる一つの例だと言えるでしょう。

16 ライオンがしゃべる

ウィトゲンシュタインは、おしゃべりなライオンについてこう言っています。

ライオンがしゃべれるとしても、私たちにはライオンの言っていることが理解できないだろう。

（『哲学探究』第二部＊327）

これは、どういうことでしょうか。まず話をわかりやすくするために、人間は日本語を母語とする者に限ります。母語以外の語を理解するしないという話が始まると複雑になりますので。

さて、われわれ（日本語を母語とする人間）はどうやって日本語を喋るようになったのでしょうか。私たちはなぜか理由はわからずに日本語を母語とする共同体のなかにたまたま生まれます。そして少しずつ日本語を身につけていきます。この身につけ方は、誰でも経験ずみなのでわかるように、言語シャワーをいきなり浴びて、否応《いやおう》なく覚えていくというものです。言ってみれば、スパルタ方式で泳ぎを習得するようなものです。最初は、水遊びから、そしてつぎに浅いプールで練習して……、などとまどろっこしいことはしません。いきなり、深い海に放り込まれるのです。ゆっくり段階を経て、少しずつというのではなく、生まれるとすぐ本番が始まり、わかるわからないとは関係なく、問答無用の日本語漬けの日々が始まります。こうして私たちは母語を「体得」します。身体ごと覚えていくというわけです。だから、言葉の使い方と一緒に、身体の動かし方、表情の変化、首の傾け方など、すべてが連動して関係しあっています。私たちの身体性、行動形態、表情、手足の動きなどと言語活動とは、密接にかかわりあっていて、絶対に切りはなすことはできません。だから、ある程度の年齢になってからの外国語習得は難しいのかもしれません。

さて、じゃライオンの場合はどうでしょう。ライオンが言葉を喋ったら、という想定をするためには、何が必要でしょうか。一匹のオスのライオンが、アフリカの草原を「プライド」（群れ）をつくって駆けまわっています。そのライオンは、ライオン同士の荒々しくも細やかな交流のなかで生きていました。多くのメスライオンとの関係、自らの「プライド」のなかでの少数のオスライオンとの関係、あるいは、他の「プライド」のライオンたちとの関係など、複雑な関係性のなかで、生存するためにさまざまな行動の形態を習得していきます。そのようなオスライオン独自の（そしてまた、そのライオンが生きている地域や時代の特徴もあるかもしれません。それに周りにいる他の動物や植物などとの関係も影響を与えている可能性もあります）行動様式を身につけたライオンが、どうやって言語を習得し、それを人間に対して話すようになるのでしょうか。

もし、そのオスライオンが、話し始めたとしたら、その話す主体がライオンであるかぎり、ライオン独自の行動（あるいは生活）様式を背景にしたものでなければなり

ません。ライオン独自の行動とともに言葉は話されるからです。そうだとすれば、ライオンが話し始めたとしても、人間には、決して通じないでしょう。その言葉は、ライオンの生活と深く複雑に結びついているのですから、そのライオン界の具体的生活をともにしたライオンたちにしかわからない言語になるはずです。ライオンは、ライオン語を話す。そして、そのライオン語は、生活や行動が同じものであるライオンたちにしか通じないということになります。アフリカの草原で育ったライオンと、上野動物園で生まれたライオンとでは、同じライオン語だったとしても、アメリカ人と中国人が、それぞれの言葉を話したのでは、とても通じないように（青森の人と沖縄の人が、それぞれの方言で話してもなかなか通じないように）、通じない可能性があるかもしれません。それほど言語は、生活に密着しているのです。だからウィトゲンシュタインは、**「言語ゲーム」というのは、「生活形式」のことだ**と言うのだと思います。ひと

つの「言語ゲーム」の背景には、ひとつの「生活」があるというわけです。

17 魂に対する態度

大森荘蔵《しょうぞう》の『流れとよどみ』という私の大好きな本のなかに、「ロボットの申し分」というとても面白い文章があります。ロボットが自分たちにも、心があり感情が流れているということを、たいへん論理的に冷静にわれわれ人間に訴えるのです。フィリップ・K・ディックの『アンドロイドは電気羊の夢を見るか？』を彷彿《ほうふつ》とさせるようなとても切ない内容でした。たしかにAIは、われわれ人間が創ったものです。その製造過程は、とてもはっきりわかっています。だから、AIに心や感情といったものが入っているはずがないのはわかります。そんなものは、データとしてもともと入れていないのですから。もしＡＩに心や感情が入っているのだとすれば、電卓や自動車にだって、心や感情が入っていてもおかしくはありません。ただ、そのような生まれ方をしているＡＩが、もし自分たちにも心や感情があると言いだしたら、どうでしょう。そして、私たち人間と寸分違わない振舞をしはじめたら、どうでしょう。そのとき、そのような事態をどう考えればいいのでしょうか。

「ロボットの申し分」では、ロボットたちは、私たち人間同士でも、自分たちと人間との関係とまったく同じではないかと訴えます。あなた方（人間）が、私たち（ロボット）の内側に入ることができないのと同じように、あなた方（人間）同士でも、他人の内側はわからないではないか、と言います。

たまりかねて、証拠を見せろ、と言う人もあります。そういう人には私の方から問い返すことにしています。ではその前にあなたの方からあなたにも心があることの証拠を見せて下さい、あなたが証拠を見せてくれるなら立ち所に私もそれと同じ証拠をお見せしてみせます、と。ところがあなた方同士の間ではそんな証拠を出す

必要があるなどとは夢にも思わないのです。ここに私の不満があるのです。あなた方と私は全くお互いさまであるにもかかわらず不審の念はただ一方的に私にだけ向けられるのです。私に向けられる不審はまたあなた方の親兄弟にも、あなた方同士の間にも向けられてしかるべきなのに。

（『大森荘蔵著作集　第五巻』１０９頁）

たしかに大森工場製のロボットの言うとおりだと思います。私たちだって、私たち（人間）同士の状況は、人間とロボットとの関係と似たり寄ったりです。まったく変わりません。他人の気持ちは、決してわからないからです。人間の製造過程（生まれてくるプロセス）も、ロボットのそれ同様、われわれは、よく知っています。成長する段階も、そのつど（関係者は）観察しています。その人間に、どこかで心や感情を入れたのか、と問われれば、たしかにそのようなひと手間は、どの年齢でもかけていません、と答えざるをえません。〈心の詰め替えセット〉を、就学前の子どもに埋め込むなどということはしていないのです（誰もしてませんよね？）。よく考えれば、ロボットの製造過程とまったく同じ状況だと言ってもいいでしょう。

そう言われれば、人間のなかにも、他人の気持ちにとびきり無頓着な人たちもいます。他人に共感できないサイコパスと言われる人たちです。ただ、他人に共感ができると思っている人たちでも、それは、とんでもない勘違いだということはよくあるでしょう。他人の気持ちをわかっているといっても、結局は、自分の気持ちをそのまま延長しているだけ(ただの思い込み)だということはよくあるものです。思いやりと言う場合の「思い」は、自分の思いにすぎないのであり、どうしたって、われわれ人間の構造上、他人の気持ちを内側から分かるなどということは、不可能だからです。こう考えていくと、人間もロボットもさほど変わらないということになるでしょう。結局「他人(ロボットも含む)のことはわからない」。

そういう状態にいる私たちにとって、他人(あるいはロボット)とつきあうときに、どうすればいいのか。何か指針のようなものがあれば、ありがたい。絶対に他人(あるいはロボット)の気持ちはわからないのですから、そのはかり知れない領域(他人やロボットの心)は、一応おいといて、日々の生活で他人(あるいはロボット)とどうつきあえばいいのか、というのが、つぎの問題になってくる。その指針のようなものこそ、ウィトゲンシュタインのつぎの言葉だと言えるのではないでしょうか。

私が友だちのことを、「ロボットじゃないよ」と言うとしよう。——ここでは何が伝えられているのか？　これは誰のための情報なのか？　日常的な場面でその友だちに会う人のため？　何が情報として伝えられるのだろうか？（せいぜい伝えることができるのは、「そいつはいつも人間のようにふるまっている。ときどきマシンみたいになることもない」と言うことくらいだ）

「彼はロボットじゃない、と私は思っている」には、だからそのままでは、まったく意味がないのだ。

彼に対する私の態度は、魂に対する態度である。彼には魂がある、という意見を私がもっているわけではない。

（『哲学探究』第二部、＊20〜＊22）

もし、「ロボットくさい」人がいたとしても、その人が、普段は、われわれ「人間くさい」者たちとまったく同じように振る舞っているのだとしたら、「彼はロボットじゃないよ」という発言は、何の意味ももたないとウィトゲンシュタインは言っているのです。私たち人間同士でも、他人の内面は、わからないし、そのわからなさを前提に暮らしています。そして、内面はわからないけれども、そこそこ「意思疎通」という名前の表面的つきあいができていれば、とくに問題は起こりません。その場合、相手が「魂をもっている」などということは、話題には上りません。

だから、「彼には魂がある、という意見」などもってはいないと言っているのです。他人の魂の有無などは、〈私〉にはどうにも手がつけられない問題だからです。先ほども話しましたが、私たち人間の製造過程においても、どこかで魂を入れたという事実はありません。子どもが生まれ、温かく見守って、いろいろお世話しながら、その子が成長していくのを手助けするだけです。「魂」を入れる儀式は、おこないません。だから子どもが、魂をもっているかどうかは、決してわからないのです。ただ、その子どもの様子を見守るなかで、私たちと同じような振舞をすれば、私たちと同じ存在だ、ということを日々確認していくだけです。そして、非常に不思議なことに、おおむねわれわれと同じような態度や振舞をする存在になっていきます。それはつまり、われわれが営んでいる「言語ゲーム」に参加する資格を有しているということになります。

　そのような存在に対しては、彼らに先んじて同じ「言語ゲーム」に参加しているわれわれは、「魂に対する態度」をとると言っているわけです。だから、この態度は、その相手が、魂をもっているかどうかが問題なのではなく、その相手の振舞が、あたかも魂をもっているかのようなものであればいいのだ、ということになります。その相手が、人間であろうが、アンドロイドであろうが、そんなことは不問に付《ふ》しているのです。とてもフェアな態度だと言えるでしょう。

　このように考えれば、そもそも「魂」という概念は、必要ないのかもしれません。確かめることができないのですから。「魂」という概念を、われわれがもっていることと自体が、とても不思議なことだと言えるでしょう。

18 意志

「意志」という言葉があります。これは、どういうことを意味しているのでしょうか。私たちは、「意志」をもっていると思っています。意志がなければ、さまざまな行為ができないかのようです。朝起きて、歯磨きをし顔を洗い、朝食をとる。この一連の誰でもおこなう行為をチェックしてみましょう。朝起きる前に、まず目が覚めます。この「目覚め」については、さすがに意志は必要ないでしょう。不思議なことに自然に目が覚めてしまうからです（そのまま、目が覚めないこともあるのでしょうが、それも、意志とは関係ありません）。

つぎに蒲団のなかから起き上がらなければなりません。これは、どうでしょう。眠いし、何もしたくないという気持ちをぐっと抑えて、エイヤッと起き上がる。ここでは、たしかに「意志」的なものが働いている気がします。「意志」がなければ、蒲団の誘惑からは、とても逃れられないような気がするからです。エイヤッと起き上がり、そこから自然とトイレに向かいます。このトイレへ向かう行為には、意志は必要ありません。自然に向かいます。

つぎの歯磨きはどうでしょう。これも、ルーティーンとしておこなっているので、自然と手が歯ブラシ置場に向かいます。歯を磨き、顔を洗う。これも、とても意志的行為とは言えないでしょう。それでは、朝食はどうでしょう。たしかに、つくるのが面倒だなという朝は、「意志」が必要かもしれません。がんばって、朝食をつくらなければならないからです。ただ、蒲団からの脱出行為に比べると、それほど「意志」的な行為だとは思えません。さらに朝食を食べるというのも、それほど意志的なものではないような気がします。たんたんと食べていけばいいのですから。

こうして朝の一続きの行動を見たかぎりで、はっきりと「意志」がかかわっていると思われるのは、かなり眠い時に蒲団から脱けでる行為だけだと言えるかもしれません。でも、この行為も、充分な睡眠をとった朝だと、それほど意志的なものとは言えなくなるでしょう。心地よい目覚めで、自然と蒲団から脱けだすことはまれではありません。そうなると、「意志」の存在は、ひじょうにまれなことだと言えるかもしれません。

他に意志的な行為だと考えられるのは、禁煙、禁酒などの行為、他人から何らかの拘束（はがい締めなど）を受けたときに、それを振りほどく行為などがあります。ようするに、自分が目指す方向に反する欲望や他人の力が存在していて、それに対して、自分の意向を遂行《すいこう》しようとするとき、「意志」が必要になると言えるかもしれません。何らかの抵抗がなければ、「意志」はそもそも現れないと言えそうです。

そうなると、われわれの普段の生活では、「意志」は、ほとんど登場しないと考えた方がいいのかもしれません。すくなくとも、すべての行為は、意志によっておこなわれる、というのは、大嘘だということがわかるでしょう。意志なんかなくても、だいたいの行為は、おこなわれているからです。

たとえば、「話す」という行為は、どうでしょう。いつも不思議なのは、この「話す」「喋る」という行為です。何で、われわれは、べらべらと喋りつづけることができるのでしょうか。われわれは、この内容の話を喋ろうと思って喋ることなど、ほとんどありません。たしかに、人前でスピーチをしたり、講義をしたりするときなどは、事前にある程度準備します。つまり、話の内容を吟味《ぎんみ》し検討します。でも、その他の場合は、ただただ喋っているだけではないでしょうか。とにかくつぎからつぎと喋りつづけている。それだけ。

われわれの普段の会話に、もし「意志」が介在しているとしたら、自然に喋ることはできなくなりますし、会話はまったくはずまなくなるでしょう。気のおけない友人と立てつづけに喋りつづけるとき、意志などまったく登場しません。どんどん話題は変化し、口だけでその話題に対応していきます。だから、「失言」という現象が存在するのは当然だと思います。話をしている最中は、ほとんど考えたり意志したりはしていないからです。口にだしたあとに、初めてその内容を私たちは、確認することができるのです。つまり、われわれは、自動機械のように、喋りつづけているだけだと思います。

このように考えていくと、「意志」というのは、とても曖昧な概念だと言えます。そんなものはないという地点から出発した方が、実情に合っている気もします。ウィトゲンシュタインは、つぎのように言っています。

しかし忘れてはならないことがひとつある。「私が自分の腕を持ち上げる」とき、私の腕が持ち上がる。そこで問題がでてくる。「私が自分の腕を持ち上げる」という事実から、「私の腕が持ち上がる」という事実を引いたら、そこに残るのはなにか？

（『哲学探究』６２１節）

どうでしょうか。教室で、受講している人たちに「ちょっと腕を上げてください」と言うと、たいていの人は、すっと腕を上げてくれます。あるいは、台所の棚の上にあるキッチンペーパーをとろうとするとき、私たちは、すっと腕を上げます。「さぁ、腕を上げるぞう」とは、誰も思いません。そうなると、このウィトゲンシュタインの引き算は、何も残らない、という答になるのでしょうか。ウィトゲンシュタインもつぎのように言います。

自分の腕を持ち上げるとき、たいてい私は、腕を持ち上げようと試みたりはしない。

(『哲学探究』622節)

たしかにそうだと思います。私たちは、意志的に腕を上げたりはしない。自然と腕は上がるのです。これは、喋りつづけるのととても似ています。どんどん話がでてくる。何か文章を書いているときも同じでしょう。意志的に文章を書いていくわけではない。つぎつぎと文章はできてきます。それに対して、結果から逆算して、自分の文章を推敲《すいこう》したりすることはありますが、最初の文章そのものは、意志とは関係なく、腕が動き自動的にでてきます。それは、パソコンのキーボードであろうが、万年筆であろうが、同じことです。そのような腕や指の動きと同じように、自然と腕も上がるのです。

ウィトゲンシュタインは、つぎのような言い方もします。

しかし、欲しそこなうことはありえないという意味において、私は、欲しようと試みることもできない。

(『哲学探究』618節)

「欲しようと試みる」というのは、面白い言い方です。もし、意欲や意志によって、あらゆる行為がなされているのだったら、その意欲や意志も、その背後に意欲や意志がなければならなくなるでしょう。意欲や意志も、一つの内的な行為だからです。行為が意志的なものだとすれば、一つの行為のためには、無限にさかのぼって、最初の意志にたどり着かなければならなくなります。

意欲や意志によって行為をするわけではない、というのが、ウィトゲンシュタインの立場だと言えるでしょう。だから、欲することがうまくいかないことはない、と言っているのです。どんな行為も、意志しないで、すっと自然にすることができる。だとすれば、普段の生活では、意志など必要ないということになります。ようするに、何かに抵抗する時以外、意志は登場しないということになりそうです。最終的にウィトゲンシュタインは、つぎのような言い方をします。

おこなうということはそれ自体、経験のボリュームをもっていないように思える。大きさのない点、針の先のようだ。この先こそが本来の行為者らしい。

（『哲学探究』６２０節）

「おこなう」ことを「おこなう」だけ。とくにその「おこなう」を始めるための何か（行為者）は、存在していない（大きさがない）。行為そのものが、背後には何も引き連れずにいきなり登場する、というのが、われわれの行為のあり方だということになります。

19 石になる

ウィトゲンシュタインは、いろいろ変なことを考えます。これもまた、その一つで、人間が石になったら、どうなるかという話をします。こんな感じの話です。

私は恐ろしい痛みを感じて、それが続いているあいだに、石になってしまったと想像することができないだろうか？　さて、私が目を閉じているなら、私が石になってしまったかどうか、どうやって私にわかるのだろう？――もしもそんなこと

になったら、どういう意味で石は痛みを感じるのだろうか？　どの程度まで石についてそのことが言えるのだろうか？
（『哲学探究』283節）

私が石になるのですが、ただ石になって静かな一生を過ごすといった平和な話ではありません。激痛に襲われ、その痛みが続いているのに、何の罰なのか、そのまま石になってしまうというわけです。とても恐ろしいことです。

なぜ、ウィトゲンシュタインはこのようなことを言いだしたのでしょうか。私たち人間は通常、激しい痛みを覚えれば、苦悶《くもん》の表情を浮かべ、七転八倒し、誰かに助けを請《こ》うでしょう。痛みというのは、〈自分だけの痛み〉であり、他の人間には、その〈痛みそのもの〉を経験することは絶対にできません。けれども、他人はその〈痛み〉を感じている当人の姿や振舞を見て、おそらく、「その人は激痛に襲われているのだろう」という推測はできます。

そして大声で、「痛い！」とその人が叫んでいれば、何か内側で思いもよらない不思議なことが起こっているというわけではなく、われわれもよく知っている「痛み」

がその人の内部にあるのだな、と理解できるわけです。もちろん、その〈痛み〉はその人だけのものですから、本当のところは誰にもわかりません。でも、大雑把にではあれ、その人が大変痛い状態であることはわかり（推測でき）ます。

ところが、その痛みの振舞がない場合はどうでしょうか。つまり、石になってしまったら、どうなるのか、というのが、ここでウィトゲンシュタインが問いかけたかったことなのです。

ここでウィトゲンシュタインは、〈痛みそのもの〉と、その振舞とをはっきり分けようとしたのだと思います。私たちは、身体のどこかが痛ければ（その程度にもよりますが）、「痛い！」と言うし、あるいは、その部位をおさえたり、苦しい表情をしたりします。言葉や振舞や表情が先にあるのです。つまり、よく考えてみると、〈痛み〉が〈痛み〉そのものとして、私たちの生活の現場にでてくることはありません。たしかに「痛み」という名詞は、国語辞典に載っていますし、会話のなかで使ったりもします。でも、そのように名詞として存在し、しょっちゅう使う言葉なのに、その言葉が指していると思われるものが、そのまま眼の前に登場することはないのです。でてくるのは、いつもべつのものとして、「痛い」という発声や、身体を折り曲げる行為や、顔の表情としてなのです。これは、「痛み」や「痛い」という語の特徴だと言うことができるでしょう。

だから、ここでウィトゲンシュタインが、人が激痛を感じながら石になってしまうという想定をしたのは、そのような「痛み」の特徴を、裏側からはっきりさせるためだったのです。痛みを表現する発声器官も、手も足も、そもそもやわらかい身体も顔もなくなった場合、はたして「痛み」や「痛い」という事態は、どうなるのかというわけです。

結論として、ウィトゲンシュタインは、こう言います。

人間のようにふるまうものについてだけ、痛みを感じていると言うことができる。というのも、からだについては、またお望みなら、からだがもっている心につい

では、そう言うにちがいないからだ。ではどのようにしてからだは心をもつことができるのか？

（『哲学探究』２８３節）

「痛み」、「痛い」というのは、それだけでは、存在することはできません。かならずわれわれのからだがあり、そのからだと結びつかないと、この世界に決して登場しないというわけです。だから、〈痛み〉そのもののような**〈私的なもの〉**が**〈私的なもの〉のまま、純粋にこの世界に登場することはない**ということになるでしょう。〈私的なもの〉は、われわれの「言語ゲーム」においては、〈ない〉も同然なのです。

石が〈痛み〉を感じていたとしても、その〈痛み〉を外側に表現する手段がなく、他の石にも、そして他の誰にもわからないのであれば、その〈痛み〉は、もはや〈ない〉と言うしかないでしょう。あるいは、〈ある〉とか〈ない〉とか、もはや言えないということなのです。

20 かぶと虫の箱

今度は、かぶと虫の箱というお話です。ウィトゲンシュタインは、このように話しはじめます。

「『痛み』という単語が何を意味しているのか、自分の場合にかんしてだけ知っている」と私が自分について言うなら、――同様のことを他人についても言う必要はないだろうか。ところで、どのようにして私は、たったひとつのケースをこんなに無

責任に一般化できるのだろう？

（『哲学探究』293節）

たしかに自分自身の〈痛み〉は、よく分かっています。歯医者に行って、歯科衛生士さんの器具がまちがって神経に触れたとき、足の小指をドアに挟んだとき、飛び上るほどの痛みを感じます。どこが痛くて、どのくらい痛いか、とてもよく分かります。「自分の場合にかんしてはよく知っています」。それを他人にかんしても言えるのでしょうか。

他の人も、同じような身体をもっているのだから、歯だって、足の小指だって、同じように痛くなるにちがいない。という風に思いたくなります。自分自身のよく知っている〈痛み〉から出発して、他人の痛みを類推することができる、と思ってしまうのです。

これがウィトゲンシュタインのいう「無責任な一般化」ということになるでしょう。ここでウィトゲンシュタインが「たった一つのケース」（しかも、「一つ」を強調しています）と言っていますが、これはとても面白いい方です。なぜなら、この

「一つ」は、「一つ」ではないからです。もちろん、自分自身だけのケースですから、「たった一つ」であることはたしかなのですが、その「一つ」は、「一つ、二つ、三つ、…」の「一つ」ではありません。数えることを最初から拒否している「一つ」なのです。だって、それ以外は存在しないのですから。この「たった一つ」は、「唯一無二」の「一つ」であり、「一つ＝全部」の「一つ」なのです。

こう考えると、そもそも「一般化」などできるのでしょうか。もちろん、無理な話です。「一般化」とは、一つの事例をすべての事例にあてはめることなので、最初から「一つ＝全部」であるような「たった一つ」は、一般化への道を進むことはできません。一歩も進めません。

他人の〈痛み〉は、私の〈痛み〉から、絶対的に遠いところにあります。私が知ることができるのは、私の〈痛み〉だけであり、どう頑張っても、他人の〈痛み〉には、たどりつきません。いってみれば、〈私の痛み〉と〈他人の痛み〉とは、まったく異なる名詞なのです。たまたま「痛み」という語が共通しているだけです。その「痛み」が共通しているということには、何の意味もありません。「橋」と「端」と「箸」が、同じ「ハシ」という発音をするという共通点があるというのと同じくらい、意味がありません。
さて、そろそろ「かぶと虫」の登場です。ウィトゲンシュタインは、つぎのように話します。

さて、誰もが自分について、「『痛み』とは何か、自分についてだけ知っている」と私に言う！――誰もが箱をひとつもっていて、そのなかには、私たちが「かぶと虫」と呼んでいるものが入っている、と仮定してみよう。誰もほかの人の箱のなかをのぞくことはできない。そして誰もが、「自分のかぶと虫を見ただけで、かぶと虫とは何かを知っている」と言う。

（『哲学探究』２９３節）

何人かの人が集まっています。何のために集まっているかは、誰にもわかりません。なぜか、それぞれが同じような箱を一つずつもっています。その箱のなかには、みんなが「かぶと虫」と呼んでいるものが入っているという話です。ひじょうに不思議な設定ですが、ウィトゲンシュタインなのでしょうがないのです。そして、集まった人は、どうもかなり排他的な人たちらしく、自分の箱の中身を他人には、絶対に見せません。「かぶと虫」という同じ名前のものが入っているのに、他人の箱をたしかめることはできないのです。

この設定は、明らかに〈痛み〉のことを話題にしているというのはわかるでしょう。だって、私たちだって、同じ「痛み」という単語を使っているのに、他の人の「痛み」をたしかめることは決してできないからです。自分の胃痛や偏頭痛は、直接的にわかるのに、同じ「痛み」と呼ばれているにもかかわらず、どんなに親しい人であっても、その人の「痛み」をたしかめることはできない。その人のかぶと虫の箱をのぞきこむことはできないのです。

ここで何が一番不思議なのでしょうか。私は、「痛み」という語が一番不思議だと思います。なぜ、自分自身の〈これ〉と他人自身の〈あれ〉を、同じ「痛み」という名詞で表現できるのでしょうか。かなり馬鹿げたことではないでしょうか。誰も、いちども確かめたことがないのに、勝手に同じ単語で呼ぶのですから。他人の箱を見ることができないのに、なぜ、自分の箱の中身と同じように、「かぶと虫」と呼んでしまったのか。これは誰にもわからない不思議な出来事です。

さて、ウィトゲンシュタインは、つぎのように、この話を続けます。

この場合、どの箱にも別のモノが入っている可能性があるだろう。おまけにそれが変化しつづけていることも考えられるかもしれない。

（『哲学探究』293節）

誰も他の人の箱のなかをのぞけないのですから、それぞれ違ったものが入っている可能性があります。いやいや、違ったものが入っていると考えた方が自然でしょう。だって、誰もこれまでに他人の箱のなかを確認した人はいないのですから。形のない、いつも変化している液体や、目には見えない気体のようなものが入っていることだってあるかもしれません。本人だけが、そのことを知っています。それでは、「かぶと虫」という語は、いったい何なのでしょうか。

ウィトゲンシュタインは、つぎのように続けます。

しかし、このとき、その人たちの「かぶと虫」という単語の使い方があるとしたら?——それは、モノの名前の使い方ではないだろう。箱のなかのモノは言語ゲームの一部などではまったくない。何かあるものですらない。箱が空っぽであることもあるのだから。

(『哲学探究』293節)

私たちは、どんな言葉でも、同じ言葉を使っています。変なことを言っているようですが、言葉は、誰が使おうと同じものです。「かぶと虫」であれば、「かぶと虫」という語を、すべての人が、一律に使います。もちろん、発音が少し違ったり、イントネーションが異なったりはしますが、一応「カブトムシ」(発音表示)と判別できれば、コミュニケーションは可能です。字だって、「かぶと虫」と書こうが、「甲虫」と書こうが、「カブトムシ」と書こうが、同じものだとわかります。つまり、語は、誰にとっても同じなのです。だからこそ、それを誰もが使っているのです。

これもとてつもなく異常なことだと思うのですが、そのような表面的なことがおこなわれているのが、言語使用だといえるでしょう。そして、この言語使用においては、その使用の「背後にある」内面的なものは、本人以外、誰にもわからないし、誰も、他人の〈内面〉を比較検討したりはできないのです。誰も〈本当のところ〉はわからない。〈本当のところ〉などというものが、あるかどうかさえあやふやです。

こうして、われわれの言葉のやりとりは進行していきます。つまりは、「同じ言葉」を使っているだけだということです。「痛み」という語も、誰もが同じ語を使っていますが、それが何を意味してるのか、他人が使っている「痛み」と自分が使っている「痛み」が、何を意味しているのか、皆目わからない。たしかに自分の「痛み」であれば、わかっている。腹痛、頭痛、歯痛などなど、その違いもわかりますし、その痛みの程度なども、自分自身のものであれば、わかります。自分自身の「かぶと虫」の箱をのぞきこめばいいのですから。自分の〈カブトムシ〉は、なるほどこれか、と確認できるのです。

でも、実際の言葉のやりとり（言語ゲーム）には、この自分だけの〈カブトムシ〉は、絶対に登場しません。登場するのは、同じ「かぶと虫」という言葉だけなのです。これが、われわれの言語ゲームの実情だというのが、ウィトゲンシュタインの言いたいことなのです。そういう言葉の実際の使い方、使用の現場での出来事こそが、言葉の本当の姿なのであり、誰もが同じ意味で使っているなどということは、その使用の現場とは、何の関係もないことだというのです。だって、「かぶと虫」の箱の中身は、使用の現場には、まったくその姿を現さないからです。「箱のなかは空っぽ」ということも充分ありうるのですから。

ウィトゲンシュタインは、つぎのように結論を言います。

つまり、こういうことになる。痛みの表現の文法を「対象と名前」というパターー

ンにしたがって構成すると、対象は無関係なものとして考察から抜け落ちるのである。

(『哲学探究』293節)

われわれは、あくまでも「表記」だけの世界で言葉のやりとりをしているのであって、どんな対象をその「表記」が表しているかは、わからない、というわけです。実際のわれわれの活動を見てみると、言葉の〈対象〉は、そもそも関係ないものなのです。言葉は、その言葉を使っているだけ。そして、その使用の現場で、とくに問題がおこらなければ、われわれの言語ゲームは、滞りなく進行していきます。

21 痛みとその振舞

それでは、ウィトゲンシュタインは、たとえば「痛み」という語と〈痛み〉そのものについて、どのように考えていたのでしょうか。そもそも、「痛み」という語は、〈痛み〉という事実とどう関係しているのでしょうか。ウィトゲンシュタインの「痛み」についての議論において、とても大きな問題をはらんでいると思われる『哲学探究』の節を見てみましょう。

「でも、痛みがあって痛そうにしてるのと、痛みがないのに痛そうにしてるのとには、違いがあるわけで、やっぱりそれは君も認めるでしょう」。――認めるどころじゃないよ。それより大きな違いがあるだろうか！――「でもそれなのに、君がいつもたどり着く結論は、『感覚そのものは、何ものでもない』じゃないか！」。――いや、そうじゃない。感覚は、何かではないけれども、何ものでもないわけじゃない！　結局、何ものでもないものが、何も発言されることのない何かと同様の働きをしているのではないか、というだけのことだった。私たちは、ここでしきりに首を突っこんでくる文法を却下しただけのことだよ。

（『哲学探究』３０４節）

ウィトゲンシュタインの本来の考え（「言語ゲーム」のなかで、言葉や振舞といった、はっきり確認できるものだけで話を進める）からすれば、言語ゲームの参加者にとっては、「痛みの振舞」だけしかわからないのだから、この節だけで突然、「痛みをともなった痛みの振舞」と「痛みのない痛みの振舞」の間に違いがあるなどとウィトゲンシュタインが言いだすのは明らかにおかしいと思います。なぜ、こんなことを言ったのでしょうか。

「でも、痛みがあって痛そうにしてるのと、痛みがないのに痛そうにしてるのとには、違いがあるわけで、やっぱりそれは君も認めるでしょう」というセリフが、ウィトゲンシュタインに批判的な相手だとすれば、その挑発的な断定（ウィトゲンシュタインが、否定することを前提にした挑発）に対して、ウィトゲンシュタインは思わず、「痛みをともなった痛みの振舞」と「痛みのない痛みの振舞」との間には違いがあるよ、当然だよ、と答えます。これは、いままでの考えとまったく矛盾したことを言っているので、かなり驚きます。だから、ウィトゲンシュタインといつも議論している相手も驚いて、「感覚そのものは、何ものでもない」って、あなたは言ってましたよね、とたたみかけてくるのです。『哲学探究』の多くの節のなかでも、この部分だけは、私もウィトゲンシュタインの味方をしようとは思いません。どう考えても、おかしいからです。

さっきの「かぶと虫」の話のように、「かぶと虫の箱」のなかに、何も入っていなくても、「かぶと虫」という言葉をみんなが使っていれば、言語ゲームは滞りなく進む、というのだから、「感覚それ自体」は、「何ものでもない」と言っているに等しいではないか、と相手はとどめを刺そうとします。たしかにウィトゲンシュタインの議論に忠実にしたがえば、「かぶと虫の箱」のなかには、何もなくても、まったく問題ないでしょう。本人も、そう言っていましたから。しかし、そうではない、とここでは、ウィトゲンシュタインは言うのです。これはいったい、どういうことでしょうか。

ひじょうにわかりにくいのですが、何とかウィトゲンシュタインの考えていることを推察してみましょう。ここでウィトゲンシュタインは、おそらくこういうことが言いたかったのではないでしょうか。

まず、二つの考え方を想定してみましょう。一つは、いつもウィトゲンシュタインが強調する考えです。言語ゲームの現場から、それぞれの参加者へと向かうというものです。公的で皆んながたしかめることのできる場から、私的な内面への方向です。そうは言っても、言語ゲームの現場からは、参加者の一人である〈私〉にしか、その方向は向きません。なんと言っても、〈私〉だけが自分の内面を知っているからです。

つまり、この考えの出発点は、言語ゲームがなされているわれわれの生活の場です。まず〈私〉が、言語ゲームに参加しています。私が、多くの人たちと一緒に言葉のやりとりをしている。つまり、この場は、私たちの生活そのものだと言えるでしょう。そのような生活の場では、誰もが確認できるもろもろの出来事が起こっています。誰かのおしゃべりが聞こえてきたり、自分が話した言葉も聞こえる、あるいは、他人の表情が見えたり、人の振舞やそれがだす音も聞こえる。他人の行動やそれに伴った背景や事物のもろもろを知覚し、確かめつづけている。こういう見たり聞いたりできる領域から、〈私〉自身へ向かう方向があるでしょう。いわば、「客観的世界から主観的な領域への方向」です。

もう一つの考えからでてくる方向は、その〈私〉の領域を出発点にします。私にとって、〈私〉の領域だけが最も確かな領域です。その〈私〉から、外側の誰もが確かめられる領域へと向かうというわけです。わかりやすく言うと、私が話したり、顔をしかめたり、身体を動かしたりしたときに、他の人たちが、それを見たり感じたりするという方向です。〈私〉の感覚や感情が、私の表情や振舞によって外側で表現されるというわけです。いわば「私的領域から公共の場への方向」だと言えるでしょう。最初の考え方とは方向が逆です。

〈私〉は、この二つの方向があることを知っています。誰でも（おそらく）この二つの方向を行ったり来たりしながら、生活していると言ってもいいでしょう。

「痛みをともなった痛みの振舞と、痛みのない痛みの振舞との間」というのは、この二つの方向という観点からすれば、どういうことになるのでしょうか。なかなか説明が難しいと思います。なぜ難しいのかと言いますと、「痛みをともなう」や「痛みのない」というのは、〈私〉の領域の話なのに、「痛みの振舞」は、公共的な領域の話だからです。「痛みがあるのか、ないのか」は、〈私〉にしかわかりません。他人には、絶対にうかがいしれないことです。それに対して、「痛みの振舞」は、みんなが確認できる言語ゲームの現場での出来事なのです。ですから、「痛みをともなった痛みの振舞」という言い方の、「痛みをともなった」と「痛みの振舞」という二つの部分は、いわば方向が逆なのです。前者は、「私的領域から公共の場への方向」であるのに対して、後者は、「公共の場から私的領域への方向」だからです。

〈痛み〉のあるなしと、痛みの振舞とは、方向が逆だから、この二つが一緒になった「痛みのある（ない）痛みの振舞」という言い方は、言葉そのものがいわば矛盾していると言えるでしょう。この矛盾を解消するには、どうすればいいのでしょうか。〈私〉から出発する方向は、自分自身の〈痛み〉についてであれば、それがあるかないかはわかる。「知っているとか知らない」とか言う以前に、〈わかっている〉ことなのです。それに対して他人の振舞は、「知っている／知らない」の領域です。その振舞を見て、「痛がっているな」「痛みがあるんだな」とこちら側で判断するからです。この判断によって、「知っている」か「知らない」かが決まってくるのです。

そして、われわれの言語ゲームの現場では、この二つの方向が、融合しています。言語ゲームという生活の場においては、それぞれの〈私〉が、そこに参加して、〈私〉以外の他人の振舞をいつも観察しているからです。〈私〉のことは、〈わかっている〉けれども、他人のことは、振舞を見て、その発言を聞いて、いろいろ判断するしか手はありません。私たちは、同時に二つの方向を生きているのです。

このように考えると、「でも、痛みがあって痛そうにしてるのと、痛みがないのに痛そうにしてるのとには、違いがあるわけで、やっぱりそれは君も認めるでしょう」という問いは、不思議な問いかけになります。「痛みと、痛みのないことの違い」であれば、わかるのに、それが「振舞」になるとわからなくなるからです。そうなると、この違いを判定する人間が、どこに立っているのかという問題になるでしょう。われわれは〈私〉であると同時に、言語ゲームの参加者です。〈私〉という秘密の小部屋から、言語ゲームという誰でも参加しているゲームに参加し続けています。

われわれは、たしかに痛みが存在しているのは知っている。「知る／知らない」以前の知り方で知っています。〈私〉が経験するからです。でも、その〈私〉と同じように、他の人が痛みを感じているかどうかは、絶対にわからない。その人の内側に入ることはできないからです。

その振舞からさかのぼって相手の内面にたどり着くことは、決してできない。たどり着けるような構造を、われわれはもっていない。「自と他が非対称」だからです。自分がそのまま全部（〈私＝世界〉）であり、そのなかに、他人は登場人物としてしか現れないからです。自分と他人とが対称的に同じ地平に並ぶことはないのです。

しかし、ウィトゲンシュタインは、その振舞の違いを、「認めるどころじゃないよ。それより大きな違いがどこにあるだろうか！」と言っています。相手の内面に入ることができるかのような口ぶりです。困りました。これは、どういうことでしょうか。

答は、ウィトゲンシュタインのつぎの言い方のなかにあると思います。

いや、そうじゃない。感覚は、何かではないけれども、何ものでもないわけじゃない！

〈感覚〉というのが、どういうものなのか。実に興味深い言い方をしています。「何か」というのは、ドイツ語でEtwas、英語で言うとsomethingということになります。われわれが自分の内側で感じる「感覚」は、はっきり「これ」と言えるような「何か」ではない、というのです。「これ」と言えるような「何か」とは、たとえば「自動車」であるとか、「机」であるとか、物体として知覚できる（眼で見て、手で触れるもの）ようなものでしょう。「感覚」は、そういうものではない。それは、たしかにそうかもしれません。人の「感覚」を目の前にだしたり、手で触ったりした人の話は聞いたことがありません。〈それ〉は、「何か」ではありません。

でも、だからといって、「感覚」なんて存在しないというわけでもない。〈私〉が、腹痛や頭痛や歯痛を感じることは確かなことだからです。ですから、「何ものでもない」（ドイツ語のNichts、英語だとnothing）というわけではない。「感覚」は、実際に存在するのですから。ここでウィトゲンシュタインは、「感覚」というのは、「机」や「万年筆」のように知覚可能なものとして存在しているわけではないが、しかし、まったく存在しないわけではない。ちゃんと存在しているよ、と言っていることになるでしょう。なるほど。たしかにそうかもしれません。でも、そうなると、最初の「痛みをともなった痛みの振舞と、痛みのない痛みの振舞との間の違い」の問題は、どうなったのでしょうか。

「痛み」という語は、「机」や「鉛筆」とは違って、知覚可能なものを表しているわけではない。ただ、だからといって、「痛み」という語によって現れるものが、まったく存在していない（無）というわけでもない。存在はしているし、〈私〉は、それをときおり感じることもある。そうなると、その存在している〈痛み〉が、〈私〉から公共領域（言語ゲーム、振舞の領域）へと、何がしかの影響を与えていることもあるだろう。そのことによって、「痛みをともなった痛みの振舞と、痛みのない痛みの振舞との間の違い」が、はっきりしているというのでしょうか。しかし、これでは、やはり納得できません。

一つ言えるのは、こういうことでしょう。「痛み」という語は、言語ゲームで誰もが使っている。「語」としては、知覚可能であり、みんなが共有している。だから、この「痛み」という語を出発点とすれば、公共的領域から、それぞれの〈私〉への方向線は、はっきりしている。しかし、だからといって、その方向線の先に、「机」や「パソコン」と同じような知覚可能な物体があるわけではない。その方向線は、〈痛み〉という摩訶不思議な存在へと向かってはいる。でもそれは、単語としては存在しているが、「机」や「パソコン」とは違って、それが指し示す対象は、はっきりしない。「何か」でもなく「何ものでもないもの」でもない。その中間のような存在だ。

このように考えれば、この節でウィトゲンシュタインが言っている後半部分はわかります。しかし、前半の「痛みをともなった痛みの振舞と、痛みのない痛みの振舞との間の違い」問題は、やはりわかりません。

ただ、ここでウィトゲンシュタインが結論として言いたいことは、すごくよくわかります。この節の最後にウィトゲンシュタインはこう言っています。

このパラドクスが消えるのは、つぎのような見方からきっぱり手を切るときだけなのだ。つまり、「言語はいつもひとつのやり方で機能している。——家、痛み、善悪、どんなものについての考えであれ——考えを運ぶというおなじ目的に奉仕しているのだ」という見方を捨てるときだけなのだ。

（『哲学探究』３０４節）

言葉というのは、いつも同じ姿をしています。「家」も「痛み」も「善悪」も、同じように語として存在しています。でも、よく考えればすぐわかるように、実際に眼で見て手で触ることができる〈家〉と、われわれがときどき感じる〈痛み〉と、抽象的な議論ででてくるような〈善悪〉という概念とでは、どこからどこまで、まるっきり異なります。手がかりがないくらい違うものです。ところが、これらを同じ語（あるいは「名詞」）として使うときには、何だか同じ性質をもっているかのような気になってしまいます。それは、まったく同じ言葉であり、同じ名詞だからです。だから、「痛み」を物体みたいなものと勘違いしたり、「善悪」を手にとって触ることができるもののように思いこんだりしてしまうのです。こういった間違った先入見からは、離れなければならないと、ウィトゲンシュタインは言っているのです。

22
確かなもの

ウィトゲンシュタインは、『論理哲学論考』で言っていた「論理」、つまり、この世界の「骨組み」とはかなり違う「論理」について晩年語りだします。言葉としては同じ語（ドイツ語でLogik、英語だとlogicです）なのですが、その内容はずいぶん異なっています。とても興味深い概念なので、その新しい「論理」について書いてみようと思います。その前に、その「論理」がでてくる『**確実性について**』（『ウィトゲンシュタイン全集9』大修館書店、所収）という本の中身をちょっとのぞいてみましょう。この本が、実は私は、ウィトゲンシュタインの本のなかで、一番好きかもしれません。

この本では、「確かなこと」（ドイツ語はGewissheit、英語だとcertainty）とは、どういうことなのか、ということをいろいろな角度から考えていきます。そのとき、名前はだしませんが、ある人を念頭において話をすすめます。それは、「確かなこと」を徹底して追究したという点で、哲学史上もっとも有名な人です。デカルトという哲学者です。この人は、「方法的懐疑」（無理やり何でも疑おうというプロジェクト）をした人なのです。何でも疑って、いちばん「確かなもの」を見つけだそうとしたわけです。（おそらく）この人を仮想敵にして、ウィトゲンシュタインは議論をすすめていきます。

それでは、その「方法的懐疑」を見てみましょう。この懐疑は、三つの段階をふんで、あらゆるものを疑っていきます。まず、私たちの普通の感覚を疑います。外界を知覚する五感ですね。私たちは、本当にちゃんとものを見たり、聞いたりしているのだろうか、というわけです。たしかに目の前にコップがあればコップが見えるし、万年筆があれば万年筆が見える。大体のケースで、間違えることはありません。確実です。そして、このような感覚によって、私たちは、日々の生活を営んでいます。これが、確実でなかったら、かなり困ったことになるでしょう。

ところが、私たちの感覚には、錯覚という現象があります。私たちは、しばしば錯覚します。万年筆だと思っていたら鉛筆だったり、透明なお皿をコップだと思いこんだり、知り合いだと思ったら人違いだったり、いろいろな場面で間違いをおかします。デカルトは、この錯覚という現象があるから、感覚は信用できないと言うわけです。錯覚を理由にして、外側の世界を知覚する感覚をすべて確かではないという結論をだします。

さらに、デカルトは、自分がここにいるという感覚は、どうだろうかと吟味《ぎんみ》します。いま、私は、ここにいて、パソコンが目の前にある。自分は身体をもち、手があり、パソコンのキーボードを触っている。机には、本が積みあがっている。これは、いくら何でも確かなのではないか。私がまさに存在しているという内側からの感覚です。でもこれも、デカルトはだめだと言います。夢という現象があるからです。

昨晩、わたしは、おかしな夢を見ました。透明な家にいて、子どもたちと遊んでいたのですが、うちの父親が、その子どもたちを自家用機（アダムスキー型の透明な小型飛行機）に乗せて、透明な家の周りをぐるぐる回りはじめます。すべて存在しているもの（ただし人間以外）は透明なのです。飛行機も透明なので、そのなかがよく見えます。子どもたちはみんな喜んでいます。危なっかしいので心配して見ていると、父親は、飛行機をひっくり返し、透明な家にかるくぶつけました。はっと思い、ここで目が覚めました。

こういう夢という現象がありますので、どれほど自分がここにいる、いまたしかに私は家のなかに存在していると思っていても、確実ではありません。そこで目が覚めたらベッドのなかにいるのですから、錯覚と同じように、確かなことではなかったということになるからです。だから、この内側から感じる存在感覚も、信用できないことになります。

それでは、数学や論理は、どうでしょう。これは、さすがに確実なのではないでしょうか。誰がどこで計算しても、「3＋4」は、「7」ですし、矛盾はいつでもどこでも矛盾なのですから。ところが、デカルトは、全知全能の悪霊が仮にいるとしたら、などとんでもないことを言いだします。そのオールマイティの悪霊が、われわれが「3＋4」という計算をするとき、本当の答は、「8」なのに、かならず「7」と間違えるようにしむけていたらどうかというのです。とてもいたずら好きの悪霊さんなのです。もしそうだったら、数学も論理も、決して確かなものとは言えなくなるよね、というわけです。この悪霊は、何でもできる悪い奴なので、われわれは、いつでもどんなことでも、まんまとだまされてしまうのです。

これが、「方法的懐疑」（無理やり何でも疑おうというプロジェクト）の概略です。これに対して、ウィトゲンシュタインは、みごとな反論をします。この反論を若い頃初めて読んだとき、心の底から感動したのを覚えています。これが、本物の哲学だと思いました。自然科学でも社会学でもない、哲学とは、こういうことをやることなのだと感動しました。一つ一つ見ていきましょう。

まず、普通のわれわれの感覚についての疑いから考えてみましょう。「錯覚」とは、何でしょうか。どういう現象なのでしょうか。そもそも、なぜわれわれは、錯覚するのでしょうか。たとえば、鉛筆を万年筆だと間違える場合を考えてみましょう。朝起きてすぐ書斎に入ると、机の上に「モノ100」（鉛筆）がおいてありました。「あれ、誰が置いたんだろう。昨日は、鉛筆使っていなかったんだけど」と思いながら近づくと、「ウォーターマンのエキスパート」（万年筆）でした。メガネをかけていなかったのと、同じ黒だったので間違えてしまったのです。このような錯覚は、なぜ起きるのでしょうか。

何と言ってもまず必要なのは、「モノ100」と「ウォーターマンのエキスパート」を私がちゃんと知っているということです。どちらも、私が「確実に」知っていなければ、錯覚はできません。つまり、「モノ100」だと思っていたら「ウォーターマンのエキスパート」だったという錯覚をするためには、この二つを「確かに」知覚できなければならないのです。**私自身の「確かな知覚」がなければ、私の「錯覚」は生まれない**のです。

私たちは、錯覚をする対象をわからないままに錯覚することはない。もし、「モノ100」を「モノ100」と、すぐにわからなければ、「モノ100」だとは思いません。錯覚そのものが成立しない。「エキスパート」を「エキスパート」だとはっきりわからなければ、「あれ、エキスパートだったのだ」と、自分の錯覚を錯覚だとは気づきません。

このように考えれば、デカルトが言ったように、「錯覚があるから感覚は信用できない」というのは、とてもおかしなことになります。だって、錯覚が成りたつためには、その前に正しい（確実な）感覚が必要なのですから。確かな知覚をもとにして、初めて錯覚という現象がでてくるのです。ですから、錯覚を理由に感覚を否定するのは、できない相談だということになるでしょう。そんなことをすれば、錯覚そのものが、成りたたなくなるからです。正しい感覚があって、それが土台になって、その上で初めて錯覚がでてくるのですから、錯覚があるからといって、正しい感覚を否定したのでは、自分が生まれるために必要な土台を崩してしまうことになります。その結果、錯覚は決して成りたたないことになります。タイムマシーンに乗って、過去にさかのぼって自分の親を誤って殺してしまうと、自分自身が生まれてこないことになるのと似ていると言えるでしょう。

それでは、つぎの「夢」は、どうでしょうか。これも同じ構造です。夢が夢であるためには、目が覚めている状態が、なければなりません。夢がずっと続いて、一生目が覚めなければ、それは、夢ではなく現実です。透明な家にずっと住んでいて、アダムスキー型の小型飛行機を父親と一緒に毎日操縦していて、そのうち寿命で亡くなったら、それは、そういう現実の人生です。夢ではありません。覚めない夢は、夢ではない。覚めない夢は、現実そのものです。つまり、夢も、錯覚が「正しい知覚」を背景にしていたように、「目が覚めている状態」が必要なのです。目が覚めた状態があって、睡眠中にときどき夢を見るから、それは夢なのであって、ずっと見つづけている夢は、ただの「現《うつつ》」です。覚醒《かくせい》状態を土台にして、初めて夢がでてくるのです。夢には、目覚めがどうしても必要なのです。だから、夢があるから、われわれの存在感覚を否定するのは、おかしなことをしていることになるでしょう。私たちが普段から、目が覚めた状態で、自分の存在を確かなものと思っているから、夢を見て目が覚めると、「あ～夢だったんだ」と気づくことができるからです。夢は、覚醒した後に、かならず過去形で（「夢を見た」）思いだすものなのです。現在進行形で最後まで記述できる夢は、夢ではなく現実なのですから。だから、私たちの日ごろの存在感覚を、夢を理由に否定するのは、夢が成りたつための基盤をぶっ壊すことなのです。やはりこれは、原理的にできない相談だということになるでしょう。

もうおわかりかと思いますが、悪霊にだまされる数学や論理も同じことになります。計算間違いや矛盾が成りたつ世界があるのは、正しい計算や正しい論理の世界があるからなのです。計算間違いだらけの世界（悪霊が跋扈《ばっこ》している世界）や矛盾だらけの世界は、それだけで成りたつことはありません。それだけで、そういう世界が成りたっていれば、それが「正しい世界」なのです。「唯一無二の正しさ」が支配する世界です。

だから、もし間違いだらけの世界が存在しているとすれば、その背後にかならず、正しい計算、正確な論理の世界がなければなりません。その正しい計算の世界に誰も行くことができないのであれば、私たちの世界が間違いだなどとは誰にも言えないのです。つまり、悪霊が計算間違いというトラップを、われわれにいつもしかけているのだとしたら、その計算間違いだらけの世界こそ、正しい計算をしているちゃんとした世界だということになるでしょう。目覚めがなければ夢は存在しない。正しい知覚がなければ、錯覚は存在できないのです。

こうして、ウィトゲンシュタインは、デカルトの「方法的懐疑」を、根底からひっくり返しました。

23

疑うことと信じること

このような「方法的懐疑」に対するウィトゲンシュタインの批判から、何がわかるでしょうか。何もかもすべてを疑おうとしたデカルトは、何を間違っていたのでしょうか。それは、**何かを疑うためには、そのための基盤が必要だ**ということに気づかなかったことだと思います。錯覚には正しい知覚が、夢には覚醒状態が、計算間違いには正しい計算が、その基盤になっているように、疑うためには、その疑いを成立させる基盤が必要だということを理解していなかったのではないでしょうか。だから、錯覚を理由に感覚全部を否定し、夢を理由にこの現実全体を疑うことができたのだと思います。

それでは、疑いを成りたたせる基盤とは、はたして何でしょうか。その前に、そもそも疑うとは、どういうことでしょうか。高校の国語で文法を学んでいるときに、先生から何か適当な例文を黒板に書きなさいと言われた生徒が、黒板に「例え自分が嘘をついていたとしても、誰もそれに気づかない」と書いたとします。他の生徒が、その文を見て違和感を覚え（疑い）、辞書を調べたら、「たとえ」は、漢字で書けば「仮令」だとわかり、その生徒が間違っていたことが判明します。このとき「疑い」はなぜ成立したのでしょうか。

まず、その例文を書いた生徒がいつも漢字の間違いばかりする人だったら、どうでしょう。そうなると、他の生徒たちは、最初から、その文をちゃんと読んだりはしないでしょう。どうせ間違えるに決まっているからと、相手にしないに違いありません。その文を最初からしっかり読み、違和感を覚える（疑う）ためには、その生徒が、普段は正しい文章を書くという前提がなければなりません。間違えるにしても、ときどき間違えるくらいでないと、注意してその生徒が書く文を見たりはしないでしょう。

さらに、その文を見て違和感を覚えていた生徒の方はどうでしょうか。その生徒も、小学校の頃から習ってきた漢字の知識、あるいは、本を読み蓄積してきた知識がなければ、書かれた漢字に対して違和感を覚え疑うということはありえません。極端なことを言えば、日本語を知らない人であれば、そもそも、その文を読むこともできません。そう考えれば、この文を見て、違和感を覚え疑うためには、日本語をすでに習得していて多くの漢字の知識をあらかじめもっていなければ、できないことになります。

つまり、ある漢字が正しいかどうかを疑うためには、それを書いた人を「信じている」ということ（普段は、漢字を間違えないということ）と、自分自身の漢字の知識を「信じている」（学校や読書で、たくさんの漢字を受容し記憶してきた）ということが必要になるのです。

ようするにわれわれは、疑うためには、一定の量の「信じる」という行為が必要なのです。「信じている」背景がなければ、「疑う」という行為はできない。それに、「疑う」という行為は、一度だけなのに、その一度が可能になるためには、無数の「信じる」行為（信じるということも意識しないくらいの受け入れるということ）が基盤にあるのでなければなりません。「疑う」と「信じる」というのは、とても非対称な関係（同じ場所で並べて比較することはできないような関係）なのです。

たとえば、もし私たちが、何もかも疑い始めたらどうなるでしょうか。黒板に文を書いた生徒だけではなく、その時間の国語の先生の言うこともすべて疑う。その先生が何を言っても、何を書いても、すべて疑ってかかる。先生の言った文章や書いた文章のなかの漢字や言葉をすべて辞書で調べる。いちいちすべて。しかし、こういう疑い方を始めたら、そのうち、その辞書も信用できなくなるでしょう。辞書も教科書も、すべて疑うことになると、もはや何もできなくなります。まともな授業や会話は成立しません。思考や言葉のやりとりが、一歩も進まなくなります。

それだけではありません。もっと徹底的に疑うことだって可能です。それに、哲学では、よくこの手の議論をします。黒板の字そのものの見え方だって疑うことができるのです。その生徒が「例え」と書いたとき、自分にはそう見えるが、他の生徒や先生には、もしかしたら「仮令」と見えているのかもしれない。他人の見えている内容を確認することは決してできないのだから、その可能性だって否定できません。他人の視覚像と自分の視覚像とを比較することは不可能だからです。二人の人間の視覚像の比較は、そもそも誰の視覚のなかで比較するのか、ということになります。

このように考えはじめれば、何もかも確かなものはなくなります。教室や授業だけではなく、あらゆるものが崩壊してしまうのです。確かなものが、どこにもないことになりますから。何でも疑うことはできますが、もはや、ここまでくると何も疑っていないことにもなります。だって、自分がそう疑っていることさえ、確かなことではないからです。

こうして、やはりわれわれが何かを疑うためには、疑っていない足場がどうしても必要だということがわかると思います。自分の知覚を信じること、そして、その知覚は、他人の知覚と同じだということも受け入れること、日本語をまるごと受け入れることなどが必要なのです。そして、小さい頃からの記憶を疑うことなく、学校の先生の知識や、他の人人たちの知識などに対する全面的な信頼があって初めて、私たちは、ほんの少しだけ疑うことが可能になると言えるでしょう。

24
人類は月に行ったことがない

私たちは、いろいろなことを疑います。あの人は、パスタを食べたいと言っていたけれど、本当はラーメンを食べたかったのではないか、お腹が痛いと言って早退していったあの男は、実は何か別の用事（ライブとか寄席《よせ》とか）があったのではないか、「お歳の割にお若いですね」などと言っていたけれど、そんなことはこれっぽっちも思っていなかったのではないか、など。でもそもそも、こういう疑うという行為は、どうやって成りたつのでしょうか。しばしばわれわれは疑うのですから、それほど珍しいことではありません。たしかに、ただ「疑えばいい」だけかも知れませんが、本当に私たちは「すぐ疑う」ことができるのでしょうか。さっきも書きましたが、実は「それは無理だ」とウィトゲンシュタインは言いました。

疑うためには、その周りが「信じる」ことによって覆われていなければならないと言うのです。つまりわれわれは、「すぐ疑う」のではなく、「まず信じる」というわけです。いわば、「信じる」という無色の領域が下地になっていて、そのなかの一部分から、色のついた「疑う」がひょっこり現れるといった感じでしょうか。「信じる」という気持ちやおこないがないと、そもそも「疑う」気持ちや行為は現れることはない。これは、事実的というよりも原理的なものだと言えるでしょう。たまたまそうなのではなく、どうしてもそういう構造になっているということです。

たとえば、ウィトゲンシュタインは、『確実性について』のなかで、つぎのように言っていました。

子供は大人を信用することによって学ぶ。疑うことは信じることのあとに来る。
（１６０節）

学童は自分の先生と教科書を信じるのだ。（263節）

なるほど、赤ちゃんやごく小さい子どもは誰の言うことも、うのみにします。全面的に信じています。そもそも「疑うことを知らない」のです。何もかもそのまま「受け入れる」というわけです。つまり、われわれのなかでは、生まれてから一定期間は、「疑う」という気持ちや行為は存在しないのです。そう考えると、ここで言われている「信じる」というのは、ふつうわれわれが使っている「信じる」とは、明らかに違います。子どもや生徒は、大人や先生を「信じている」のではなく、「信じる／疑う」といった対立がでてくる前の「純粋な受容」をしているということになるからです。

子どもは、生まれてすぐ何もかも受け入れます。自分から積極的に何かを主張したり、ましてや拒否したりはしません。ある程度の期間（小学校の低学年くらいまででしょうか）、すべてを受け入れていきます。ここで言われている「信じる」は、そういった「受け入れ」のことだと思います。ここでの「信じる」は、「否応なくそのまま受容する」と言った方が、意味としては合っているかもしれません。「信じる／疑う」以前の受容と言えるでしょう。

この受容期間がなければ、「疑う」という行為はできません。ある程度、信じる基盤（知識や信念、つまり足場）ができあがってから、それをもとに「疑う」のです。何もかも信じる状態によって土台をつくり、その土台に乗って、私たちは初めて「疑う」ことができるのです。だから、その土台をも壊してしまうような行為は、私たちには、できません。その土台を壊してしまう行為とは、「すべてを疑う」という行為です。ウィトゲンシュタインも、「すべてを疑う」ことはどうしてもできないということについて、いろんな言い方をしています（すべて『確実性について』からの引用です）。

すべてを疑おうとする者は、疑うところまで行き着くこともできないだろう。疑いのゲームはすでに確実性を前提している。（115節）

すべてを疑う疑いは、じつは疑いではない。（450節）

一定の根拠があるからこそひとは疑うのである。（458節）

疑いえないものに支えられてこそ疑いが成立するのである。（519節）

そしてウィトゲンシュタインは、こうした「疑う」という行為の基盤になる部分、つまりわれわれが問答無用で「信じている」（受容している）土台を、さらに詳しく調べていきます。そうすると、そこには、特別な文が、いくつもあることに気づきます。われわれが決して疑うことのない「信じる／疑う」以前の岩盤のようなものを徹底的に吟味《ぎんみ》すると、その岩盤をなす文がでてきたのです。

われわれは、何年間か、受け入れる期間があって、その間、さまざまな事柄を否応なく受容します。その事柄をもとにして、今度は、「疑う」ことを始めるわけですが、そのような「疑い」が絶対に届かない場所（「特別な文」があるところ）があるというわけです。その場所にあるそのような特別な文を、ウィトゲンシュタインは「**蝶**《ちょう》

番命題《つがいめいだい》」と不思議な呼び方をしました。
「蝶番」というのは、ドアと壁面の間にあるものです。なかなかいい佇《たたず》まいの器具です（私は大好きです）。この「蝶番」に注目して、われわれの「信じる－疑う」という行為のもっとも大切な部分を意味するために、この語を使ったのです。ドアが開くためには、「蝶番」がなければなりません。これがないとドアは使えません。これと同じように、「蝶番命題」も、われわれのいつもの言葉のやりとり、疑ったり、信じたり、喧嘩したり、仲直りしたりといった活動（言語ゲーム）を可能にするために、どうしても必要なものなのです。つまり、「蝶番命題」は、それ自身、疑われることのない岩盤になっていて、さまざまな言語活動をその上で展開できるようにしてくれるのです。自分は、他のものが動くのを助けるためだけに存在しているというわけです。「ドアの動き」というのは、私たちの普段の言葉のやりとりです。私たちが、日常さまざまな言語活動をしていく。その活動を支える土台の役割をしているのが、この「蝶番命題」群なのです。

ウィトゲンシュタインが考えていた「蝶番命題」は、つぎのようなものでした。

私の名前は、ルートウィッヒ・ウィトゲンシュタインである。

地球は、はるか以前からすでに存在していた。

オーストラリア大陸が存在する。

だれでも、脳をもっている。

私の両親と言っている人たちが実際に私の両親である。

こういう文が、疑うことのできないようなものとして、私たちの生活の一番根っこにある。この土台がしっかりしているからこそ、私たちは、普通に生きていけるというわけです。たとえば、私が突然、大学の授業中に「私は中村昇ではない。スティー

ヴン・キングだ」と言いだしたとしたら、どうでしょう。とても冗談を言っている様子ではなく、真剣に自分が「中村昇ではない。スティーヴン・キングだ」と主張しはじめたら、どうでしょう。教室にいる学生たちは、とても困惑し、それ以降、私と普通の会話ができなくなるかもしれません。教室から、一人二人と静かに出て行ってしまうかもしれません。少なくとも、いままで通りのつきあいは、できなくなるでしょう。

さらに「地球は、五分前に誕生したんだぞ!」とか、「私の頭のなかには、泥が詰まっている。だから、頭がよく働かないのだ」とか言いだしたら、会話もつきあいも、そこで終わりになり、みんなで協力して、私を病院に連れていくでしょう。つまり、この共同体の「言語ゲーム」への参加資格を、そのとき私が失うことになるわけです。

こうした、蝶番命題で表されるようなごく当たり前のことを、私たちは、誰もが皆無意識のうちに信じているからこそ、確かな生活を他の人たちと共同で営むことができるのです。もし、こういったさまざまな文を、誰もが疑い始めたら、その社会は、誰も信用できなくなり、何も信じられなくなり、すべてがめちゃくちゃになってしまうでしょう。「言語ゲーム」の土台が崩れてしまうわけです。

たしかに、われわれが「蝶番」だと思っていた文が、そうではなくなるということも可能性としてはあります。物理学や歴史学で新たな発見があったり、いままで信じていたことが、根本から覆《くつがえ》されたりすることもあるでしょう。天動説から地動説へ大きく考えが変わったように（科学革命）、びっくりするような発見がある可能性もあります。疑うことができなかった基盤を疑うことができるようになることもありました。このような「革命」が起こることを、「パラダイム・シフト」（「パラダイム」＝蝶番命題のようなもの）とも言います。トーマス・クーンという科学史家の言葉です。

ウィトゲンシュタインの『確実性について』のなかでも、蝶番命題の一つとして、「人類は、月に行ったことがない」というのがありました。ウィトゲンシュタインがこの手稿を書いていた当時（一九五一年まで書いていました）は、誰も月に行った人はいなかったからです。だから、「自分は月に行ったことがある」と言う人がいれば、周りの人と同じ言語ゲームに参加できなくなり、普段の生活に支障をきたすことになったでしょう。でも、いまでは、この文は蝶番命題ではなくなっています。アポロ11号が、その後（一九六九年）月に着陸したからです。つまり、このような疑うことのできない文は、時代によって変化することもあるということです。基盤なのに変化する。これが、この「蝶番命題」のとても面白いところだと言えるでしょう。

25

二つの「論理」

さて、ウィトゲンシュタインは、私たちの「言語によるやりとり」（これは、私たちの「生活の形」とも言います）を支えている、こうした「蝶番命題」を「論理」とも呼びます。これは、とても面白いと思います。なぜなら、「論理」というのは、この世界の「骨組み」であり、普遍的なもの（すべての世界に共通しているもの）だと若い頃書いた『論理哲学論考』では、言っていたからです。「蝶番命題」のような特定の文では、なかったはずです。これは、いったいどういうことでしょうか。

若い頃と違ってウィトゲンシュタインは、この時期、世界全体の論理については、考えなくなります。そのような純粋な論理構造が、世界の奥に存在しているという考えを捨てました。私たちの実際の言葉のやりとりに焦点を合わせ、その現場を詳細に探るようになります。

そして、そのような日常生活の「言語ゲーム」のおおもとに、こうした「蝶番命題」を見いだしたというわけです。私たちの日頃の言語活動の基底には、どうしても疑うことのできない、それ以上遡れない「蝶番」があると気づいたのです。それを、「論理」という名前で呼んだのです。

それでは、この「論理」と若い頃の「論理」とは、どう違うのでしょうか。まず、働きとしては、似ているかもしれません。前期の「論理」は、世界の一番基底にある「骨組み」として、世界を支えている。この「骨組み」がなければ、世界は成りたちません。

それに対して、晩年の「論理」は、あらゆる世界の基底にあるわけではありません。実際の世界とはかかわりのない純粋に論理的な「骨組み」ではないのです。でも、ある「言語ゲーム」(「言語共同体」とも言えるでしょう)の一番底にあるものであり、それをみんなが信じていることによって、共同体全体の言葉のやりとりが、うまくいく。「蝶番」によって、ドアの開閉が自在になるように。だから、もし、その「論理」をみんなが疑うようになったら、その「言語ゲーム」は、成りたたなくなります。

やはり、どちらも、世界や共同体を支える土台のようなものだという点では、とても似ていると言えるでしょう。ただ、大きな違いもあります。まず、前期の「論理」は、あらゆる世界の基底にあるもので、時代や地域によって異なるということはありません。どの場所でもいつでも、どんな言葉を使っていても、必ずこの世界の「骨組み」になっているのです。江戸時代だろうが、ヨーロッパだろうが、何なら金星でもM78星雲でも関係なく、同じ骨組みということになります。

ところが、後期の「論理」は、まったく違います。生きている時代や場所によって、または、それぞれの「生活のあり方」（言語ゲーム）によって、それぞれの「論理」があります。だから、私たちは、自分が生まれた社会の「論理」を小さい時から言葉とともに身につけていくわけです。その時、疑うことなく信じること（信疑以前の〈受け入れ〉）が無意識のうちになされます。親や周りの大人たち、学校の先生たちの言うことやおこないを、そのまま受け入れ真似することによって成長していくのです。

　このように、時間をかけ経験しながら習得していくのが、ウィトゲンシュタインの言う「蝶番命題」であり、この時期の「論理」ということになります。自分の名前（「私は中村昇である」）や地球の成り立ち（「地球は、随分前から存在している」）や人間の身体のあり方（「私には右手がある」）など、決して疑うことのない知識を、自分の意識の底に地層のように重ねていくわけです。そのような地層があるからこそ、普段の言語ゲーム、日常的な言葉のやりとりができるのです。もちろん、疑うこともしばしばできるようになるでしょう。

　そして、この「論理」は、前期に言っていた「論理」とは異なり、共同体や時代によって変化します。このように考えるとウィトゲンシュタインは、若い頃は、世界全体の「骨組み」を外から考えていたのに対し、後期から晩年にかけては、それとは正反対だったということがわかります。つまり、世界の内部に入り込み、世界のあり方を内側から、しかも経験の現場から離れずに考えていたということになるのではないでしょうか。

26 宗教とウィトゲンシュタイン

「宗教」とは、何でしょうか。人によって、その印象は、いろいろだと思います。たとえば、キリスト教。「神様」が、世界を創造した。そして「神の子」イエスが、人類を救うためにやってきて、われわれのために犠牲になった。そう唱えます。あるいは、仏教はどうでしょう。森羅万象《しんらばんしょう》は、縁起《えんぎ》という関係性によっている。この真理を会得《えとく》すれば、われわれは悟ることができる。他にもイスラーム教やヒンズー教、新しい宗教もたくさんあります。

でも、ウィトゲンシュタインの宗教についての考えは、少し違います。宗教とは、

そのように組織（教会、宗派など）をつくって、教えを伝えるようなものではなく、もっと実践的で行動に直結したものだというのです。教え子のドゥルーリーが、神父になりたいと言った時、毎週、聖書から引用して人前で話をするような職業は、本当の意味で宗教的ではない。真に人のためになりたいと思うのなら、医者になった方がいいとアドバイスしました。あるいは、「私はすべての問題を宗教的立場から見ないではいられない」とウィトゲンシュタインは語ったりもします。

そして、これも有名な話なのですが、第一次世界大戦に従軍していたとき、かれは、つねにトルストイの『要約福音書』をもちあるき、戦友たちから「福音書の男」と呼ばれていました。この書は、トルストイの宗教観が反映しています。人生の意義に悩み、教会や神学やキリスト教の歴史などには、一切関心をもたない人間の書なのです。そのような本を戦地で片時も離さなかった男が、ウィトゲンシュタインなのです。このような人物こそ、本当に宗教的人間と言えるかもしれません。それでは、この哲学者が考える「宗教」とは、どのようなものなのでしょうか。

ウィトゲンシュタインは、二一歳の頃、ある芝居のセリフを聞いて、宗教の可能性に目覚めたと言っています。そのセリフは、**「世界のなかで何が起ころうとも、自分には悪いことなど何も起こらない」**というものでした。だから彼にとっては、どんな危険な戦場にいても、どれほど恐ろしい災害を蒙《こうむ》っても、この上なく苦しい経験の最中であっても、自身は「絶対的に安全」であるという感覚こそ、宗教の源だというのです。つまり、どんな時でも、霊にしたがい神とともにいれば、自分は、絶対大丈夫だというのでしょう。そのような絶対的領域こそ、宗教の源であり神の居場所だとウィトゲンシュタインは、考えていたのです。

さて、そのウィトゲンシュタインの宗教的姿勢が、最もはっきり表れている日記があります。「福音書の男」と周りの人に言われていたときに書いたものでした。この『秘密の日記』（丸山空大訳、春秋社、二〇一六年）と言われるものは、極端な言い方をすれば、ウィトゲンシュタイン自身による「哲学的人体実験」の記録だと言えるかもしれません。どういうことでしょうか。

ウィトゲンシュタインは、幼い頃からずっと技術者であり実践家でした。どちらかと言うと理系の人間なのです。書斎で哲学をしているときでも、いちども体系や理論などという空疎《くうそ》なものを築くことはありませんでした。いつも日々の暮らしから出発し、そこから離れることはありません。現場にい続け、〈ここ〉にいることを厳しく奨励《しょうれい》し続けたと言えるでしょう。

この日記は、そのような男が、どんな事態に巻きこまれようとも、〈ここ〉にいつづけることができるかどうか、自分の身体を使って試した記録のような感じだからです。なぜなら、ウィトゲンシュタインは、みずから志願して最前線におもむいたのです。「肉体」を窮地《きゅうち》におとしいれ（最前線の戦場で戦う）、「霊」だけの存在（〈ここ〉に平静な状態でいることができる）になろうとしたのです。ウィトゲンシュタインが、宗教の核心だと思う「世界のなかで何が起ころうとも、自分には悪いことなど何も起こらない」という感覚を、実践（＝実戦）で試そうとしたのです。やはり、この哲学者は、とんでもない人だったと言えるでしょう。

この日記は、一九一四年から一九一六年にかけて、第一次世界大戦における、オーストリア軍の東部戦線の最前線で書かれました。ウィトゲンシュタイン、二五歳から二七歳にかけての日記です。ノート見開きの右の頁に哲学的思索をつづり、左の頁に暗号で、それ以外のもろもろの感情や出来事が書かれています。その左の頁が、この「人体実験の記録」つまり日記の部分です。そこには、公の文章では決して吐露《とろ》することのなかった、この哲学者の私的な思いや神への祈りが強い調子で刻まれています。

ここでは、『論理哲学論考』の内容の謎、つまり、冒頭部分から、論理学について延々と語られていたのに、突然途中から、人生や死についての形而上学的な思想が語られるという謎が、とても具体的に解きあかされると言えます。どういうことでしょうか。ウィトゲンシュタインは、戦地で『論理哲学論考』を書き継いでいたのですが、もはや論理的なことだけを書き続けられるような状態ではなかったというわけです。

つまり、たんに戦争のただなかにいたというのではなく（これだけでも、大変な経験ですが）、ウィトゲンシュタインがいた場所は、本当に身も凍る死の危険にさらされていた戦場だったと言われているのです（わずか三か月の戦闘で、一〇〇万人から一五〇万人の死傷者をだし、彼のいた歩兵師団の生還率は二〇パーセント程度だったと言われています）。だからこそ、『論理哲学論考』の「6・4」以降、唐突に、神や魂や死についての断章が書かれたというわけです。漠然とした恐怖ではなく、すぐ目の前に迫った自分の死（あるいは、周りの夥《おびただ》しい他人の死）によって、『論理哲学論考』後半部に前触れなく現れる、崇高な形而上学を書かざるをえなくなったということになるでしょう。

このように考えれば、記号論理学の書物である『論理哲学論考』の裏面には、苦悶《くもん》する生身のウィトゲンシュタインがいたと言えるでしょう。全身全霊で哲学する孤独な人間、死を恐れつつも、否応なく哲学せざるをえない魂がいたということになります。この日記には、性欲も憎悪もおののきも喜びもあります。ウィトゲンシュタインの内面が、包み隠さず書かれています。

死が間近な戦場では、平和な日々とは異なる濃い色彩で緊密な時間が流れていきます。一刻も気が休まることのない阿鼻叫喚《あびきょうかん》に包まれた日常のなかで、「仕事」（哲学）ができたかどうか、「霊」（Geist）に従い、「神」とともにいるかどうかを、ウィトゲンシュタインは、もっとも気にしています。とても真摯《しんし》な人物像が浮かび上がります。哲学に憑《と》りつかれたとてつもなく宗教的な人間だと言えるでしょう。

この二〇世紀最大の哲学者による「人体実験」は、あたかも「語りえない領域」である死にぎりぎりまで接近し、しかし、「語りうる領域」である生の側から、この上ない恐怖におののきながら、無謀《むぼう》にも一歩いっぽ近づいていくものであるかのようです。おのれの肉体と魂とを犠牲にして、哲学の実践（「語りうる」側からの「語りえない」領域の画定作業）を遂行しているのです。ウィトゲンシュタインは、宗教の源泉である「絶対的な領域」（自分は絶対に安全だ）を自ら体験することを果敢に試しているのでしょう。

これは、宗教や神については一切触れず、公刊された著作やノートでは、「言語ゲーム」という複数の人々が参加する場のみに焦点を合わせた、この哲学者の姿勢とも重なっていると言えるかもしれません。後年の『哲学探究』においては、「私的言語」は、徹底的に否定されます。「内側」や「私的なもの」は、完全に隠されてしまうのです。

とてもうがった見方をすれば、ウィトゲンシュタインは、千々《ちぢ》に乱れ荒れ狂う内面と日々つきあっているからこそ、「私的」なものをそのまま公にすることは、とてもできないと考えていたのかもしれません。だから、この『秘密の日記』でも、「左側の頁」は、暗号で書くしかないと決めていたのかもしれません。

たとえばウィトゲンシュタインは、この日記のなかで、つぎのように書いています。

「死の近さが僕に生の光をもたらす。どうか、神が僕を照らしてくれますように！僕は虫けらだ。しかし、神を通して僕は人間になる。神が僕のそばにいますように。アーメン」（一九一六年五月四日）。これが、ウィトゲンシュタインの宗教なのです。

27 顔

私たちは、自分だけの世界（「ワンルームマンション」）のなかにいて、他人はそのなかの登場人物にすぎないということを前にも話しました。「私」というあり方と「他人」というものは、まったくあり方が違うというわけです。たしかに、「他人」も〈私〉と同じようなあり方をしているようには見えます。ただ、それを確かめる方法は、残念ながらありません。「他人」は、「私」という唯一無二の世界のなかの、ただの登場人物にすぎません。

ところが、この「私」というのは、そのようなあり方をしているだけに、とても厄介なことに、自分自身の姿を確認することができません。一つの舞台ですし、世界の枠組みだからです。それに、〈私〉は、不思議なことに、いつも前面だけを向いていて、世界という舞台をしつらえることに朝から晩まで忙しいからです。映画館のスクリーンに映画そのものを映す映写機が、その後ろ側を見る（後ろ側に光を当てる）ことができないように、未来永劫《えいごう》いつまでも、前面だけを向き続けているのとそっくりです。

そして、その前面の舞台のなかに、どうも自分と同じような存在がいることに気づきます。その舞台の上には、いろいろな存在があり、さまざまな動きをしていますが、そのなかに、こちらに話しかけてくる存在者がいることに気づきます。それが、人間です。私たちは、世界という舞台を恒常的に創り続け、その舞台で森羅万象が展開されますが、そのなかで、ちょくちょくこちらをじっと見つめて話しかけてくる存在、つまり、他の人間がいるのです、ありがたいことに。

そして〈私〉も、だんだん、その存在たちが使う音声を自然に（あるいは、否応《いやおう》なしに）習得し、その存在たちと同じような音を発し、その存在者たちと共同で生活をします（無理やりそうなってしまうと言った方がいいかもしれません）。そのような存在たちがいることで、ある意味で〈私〉は、自分自身のあり方を初めて確かめることができるのです。

だから〈私〉は、とてもおかしなあり方をしていると言えるでしょう。自分と他人とは、まったく次元の異なる隔絶《かくぜつ》したあり方をしている（自他の非対称）のに、同時に、〈私〉そのもののあり方を教えてくれるのも、その隔絶した他人なのです。自分の世界の登場人物が、こちら側（〈私＝世界そのもの〉）のもっとも根幹をなす情報を提供してくれる。とても入り組んだ不思議な関係です。

他人がいなければ、自分自身のあり方を確かめられない。これは、言ってみれば「自他の相互補完性」（自分と他人が、お互い補い合って完全なものになり存在している）とでも言えるあり方です。もちろん、他人という存在は、〈私〉にとっては、とりつく島のない深淵なので、他人がどういう構造をしていて、何を考え、どんな感じなのか、さっぱりわかりません。だから、「相互」という語をつけるのは、少し気が引けますが、おそらく、そういう相互的なあり方をしているのではないかと予想して（多くの他人とのいままでの会話などを参考にして予想しました）、「自他の相互補完性」と言っておきたいと思います。もちろん、確信をもって言っているわけではありません。

そうなると、ようするに私たちは、「自他の非対称性」という根源的なあり方をしている（これは、〈私〉のなかで確認可能です）と同時に、それとは完全に矛盾するようなあり方、いわば「自他の相互補完性」というあり方もしているということになりそうです。

こうしたまったく異なる二つのあり方で、〈私〉と他人とは、関係をもっています。このような関係のなかにいる他人を「他者」とでも呼びたいと思います。なぜこんな呼び方をするかというと、エマニュエル・レヴィナスという哲学者の「他者」という概念を参考にしたいからです。とくに、『全体性と無限』（藤岡俊博訳、講談社学術文庫）という本で議論していた、〈私〉にとって絶対的に隔絶した「他者」（「絶対的他者」と呼ばれています）を前提にして話をしたいと思います。

絶対的に隔絶しているはずなのに、こうした「絶対的他者」も、さきほどの「相互補完的な」あり方からすると、こちらをじっと眺めています。その存在が、どういう存在であるかは、皆目《かいもく》わからないけれども、こちらを凝視しているのです。地球の住人には、一面しか見せない月（裏側は決してわからない）のように、こちらに一面だ

けを見せているのです。そして、この凝視（月明かり）に気づいているということは、こちらも「他者」（月の表面）を眺めているということになります。ようするに、「他者」と〈私〉は、お互い眺め合っている（見つめ合っている）月と地球ということになります。そして、こちらを眺めている相手の面は「顔」、あるいは、そこに現れている「表情」ということになるでしょう。

「顔」が、こちら側と同じものを内面に秘めているかのような「表情」でこちらをじっと見つめているというわけです。たしかに他人（「他者」）の顔を、長い時間じっと見つめる（必然的に見つめ合う）というのは、とても緊張するおかしな経験です。大人になると、誰もやらなくなりますし（喧嘩や恋愛といった特別な場合はべつですが、普段は、恐ろしくて決してやりません）、この見つめ合うというのは、とても意味深い出来事だと思います。やはり、顔と顔、眼と眼とが長時間、向かい合うというのは、稀有《けう》な出来事であり、唯一無二の事態だと言えるでしょう。われわれが、とりわけこの事態を避けるのも、何かしら深いわけがあると思います。
逆に言えば、ここに「自他の相互補完性」というあり方の本質が、図らずも露呈《ろてい》しているとも言えるかもしれません。「相互補完」的なあり方を、日ごろわれわれは、隠蔽《いんぺい》しているといった感じでしょうか。最も肝心なことには、普段は、決して触れないものなのです。われわれの基底にある構造が、露見してしまうと、生活が難しくなるからでしょうか。ただ、これは、またべつの大きな問題ですので、このくらいで。
さて、以上のようなレヴィナス的な話から、ウィトゲンシュタインに戻りたいと思います。このような経験について、ウィトゲンシュタインは、何か言及しているのでしょうか。実は、こんなことを言っています。

顔は、からだの魂である。

(『反哲学的断章』74頁)

なるほど。やはり、ウィトゲンシュタインも、「顔」に着目しているようです。この文章を読めば、ウィトゲンシュタインも「顔」の独自のあり方を強調していると言えるのではないでしょうか。でも、とても面白い、この哲学者独特の言い方です。「魂」については、前にも話しましたが、「魂に対する態度」という言葉で、「他者」に対するとても原理的なことを言っていました。つまり、その「他者」が、私たちとまったく同じように振る舞うのであれば、それがアンドロイドであろうが、猫型ロボットであろうが、その「他者」に対して、私は、「魂に対する態度」をとる、と言うのです。ただし、だからといって、「魂がある」と言っているわけではないとも補います。

これは、先に述べた「自他の非対称」につながる考えでしょう。他人の内面は、〈私〉には決してわからない。でも、他人が私と変わらない行動をとるのであれば、その人が魂をもっているかどうかとはべつに、「魂に対する態度」によってその人とつきあっていくしかないだろう。真実がどうであれ、表面的にその人は、自分と同じような人間なのだから、「魂に対する態度」をとるしかないというわけです。

そういう意味での「魂」だと考えれば、「顔は、からだの魂」というのは、どういう意味になるのでしょうか。「顔」は、人間のからだの一部です。どんなに豊かな表情をたたえ、意味深いメッセージをこちらに伝えているように見えても、「顔」は、物質でできている肉体の一部です。でも物質ではありますが、先ほど述べた「自他の相互補完」というあり方を強くとれば、その「顔の表情」から、私たちは自分自身のあり方を類推せざるをえないのです。つまり「顔」は、〈自己〉という深い領域につながる洞窟の入口のようなものだと言えるでしょう。その入口から、「他者」という深淵からの情報（そして、それは自分自身にかんする唯一の情報）を受けとるとでも言ったらいいかもしれません。

そのようなひじょうに独特のあり方をした「顔」を、ウィトゲンシュタインは、なぜ「からだの魂」と言っているのでしょうか。ウィトゲンシュタインによれば、われわれは、あくまでも表情や行為といった知覚できるものからしか情報を受けとることはできません。そうなると、言語ゲームにおける意思疎通の可能性のもっとも大切な場所は、そのような表情が現れる場所であり、かつ、行為をするときにも、その行為の司令塔である脳のある頭部の、しかも前面にある「顔」だと言いたいのかもしれません。

でも、ここでも、「顔や表情から魂や心情といった精神的領域への方向」は認めていますが、「魂や心情から顔や表情への方向」には、ウィトゲンシュタインは、言及しません。つまり、魂の存在そのものについては、決して触れないのです。「魂への態度」はとるけれども、「魂の存在」についてはよくわからない、ということになります。

さらにウィトゲンシュタインは、つぎのような言い方もします。

人間のからだは、人間の魂の最上の絵姿である。

（『哲学探究』第二部、＊25）

これまたウィトゲンシュタイン独特の言い方です。でもこれは、「顔」と「魂」との関係と、とてもよく似た言い方だと思います。ウィトゲンシュタインは、人間の振舞や表情、言葉といった公の領域からしか出発しません。だから、「からだ」や「顔」を確かめられる（知覚できる）場所でしか基本的に議論はしません。もし、魂や心について、いろいろ考えたい場合でも、それは、誰にでも知覚できる「からだ」や「顔」を共通の基盤としてそこから考える。そうだとすれば、「人間のからだ」こそ、「人間の魂」を最もよく表している「像」だということになるでしょう。魂という私的で内面の奥深い場所から出発するわけにはいきませんし、魂の存在を認めるわけにもいかない（「彼には魂がある、という意見を私がもっているわけではない」）からです。「人間のからだ」こそ、魂や心について考えるただ一つの出発点であり、唯一無二の場所だからです。

このようなウィトゲンシュタインの態度は、誰もが認識できるとは限らない「魂」や「心」といったものに対する、とてもストイックで納得できる態度だとも言えるでしょう。共通の認識ができないものについて、それぞれが勝手なことを言ったとしても、どれが思い込みなのか、どの発言が正しいのか、結局、誰にもわからないからです。

だから、たしかに私と同じ振舞や表情をする存在がいるとすれば（「自他の相互補完性」）、その存在に対して、私と同様の魂をもっている人間に対する「態度」はとるけれども、でも、その人が魂をもっているなどと性急に結論はだせないと言っているのです。これは、「**語りえないものについては、沈黙しなければならない**」というウィトゲンシュタインの箴言《しんげん》からくる当然の帰結だと思います。

28 嘘をつくということ

言葉の最大の特徴というのは、何でしょうか。それはいままでも、さんざん言いましたが、言葉独自の世界があるということではないでしょうか。現実とは離れた自律した世界が、言語の世界だと言えるでしょう。たとえば、本好きの人（活字中毒者）は、現実とは離れて、いくらでも本の世界に遊ぶことができます。その本が小説であっても、詩集であっても、思想書であっても、あるいは現実の世界と地続きのノンフィクションであっても、その本を読んでいる間は、実際に起こっているこの世界の出来事（現実）とは違う世界に没頭することができます。

たしかにノンフィクションは、現実の世界をもとにして書かれた内容なので、実際に起こった出来事を更に思い知らされるといった経験をすることになるかもしれません。でも、その本に書かれていることは、いったん本に書かれてしまうと、本当に起こった現実と同じではありません。現実は、そのまま現実であり、本の世界は、それとは明らかに異なる本の世界です。文字によって描かれるというのは、現実からきっぱり離れて、自律した言語世界に包摂《ほうせつ》されることです。あくまでも、それは言葉の世界であり、ノンフィクションであろうが思い出話であろうが関係ありません。現実とはまったく異なる言語による構築物なのです。

こうして言葉は、無限に近いそれ独自の多様な世界を創りつづけています。これは、もちろん本だけの話ではありません。日々の会話も、映画のなかのセリフも、テレビのワイドショーのお喋りも、落語や漫才や講談も、すべて言葉を使っているかぎり、現実とは異なるものを創っているのです。こうした視点からすれば、言葉のあり方を特徴的に示す現象は、「嘘をつく」ということになるでしょう。だって、言葉は、そもそも嘘なのですから。

現実が本当のことだとすれば、言葉は、それとはまったく違う世界を創りあげるわけですから、徹頭徹尾《てっとうてつび》「嘘八百」なのです。小説家という職業は、何と言っても、一番壮大で精密な嘘をついた人が、人気がでて歴史にも残ります。映画でもドラマでも絵本でも、言葉による創作は何から何まで、最初は、地道に嘘をつく作業から始まるのです。

こういう観点から考えると、「本当のことを言いなさい」という言い方や「嘘をついてはいけません」というルールなどは、何だかとても空々しいものに思えてきます。そもそも、（現実に密着しているという意味での）本当のことを「言う」のは不可能ですし、「言う」というのは、そもそも「嘘を言う」ことなのですから。

さて、オースティンの「言語行為論」という考えがありました。ひじょうにすぐれた理論だと思います。言葉を使った、われわれの営為は、一般にそう思われているように、何かを記述しているわけではなく（「記述主義的誤謬《ごびゅう》」）、一つの行為なのだという考えです。とても納得できる独創的な考えです。「こんにちは」という挨拶は、何かを記述しているわけではありません。「結婚してください」というプロポーズや、式場での「結婚します」という宣言は、何か他の事態があって、それをそのまま言葉にしている（記述している）わけではありません。

オースティンによれば、これらの発話は、そのつどそのつど一つの行為なのです。われわれの言葉のやりとりは、すべて言語による行為だというのです。言語の本質を、まるごとえぐりだした理論だと言えるでしょう。言語行為論は、ウィトゲンシュタインの言語ゲームの考えとも一脈通じる、とてもラディカルな考え方だと思います。

このようにとてもすぐれた理論なのですが、つぎのようなことも指摘します。その点に、問題を見いだした人がいました。どういうことでしょうか。

オースティンは、詩の朗読や芝居のセリフなど、あきらかにフィクションと言える言語行為を、通常の言葉のやりとりの周辺的な現象（「寄生的用法」と呼びました）だと考えたのです。われわれは、日々言語行為をおこなっています。普通の意味で（言葉はすべて嘘だという意味ではなく）嘘をつく人もいますし、正直に生きている人もいます。大体の人は、いつも約束を守り、決していい加減なことを言わないように生きているでしょう。生まれてから一度も嘘をついたことがない人はいないと思いますが、それを目指している人もなかにはいるかもしれません。われわれの世界には、たしかに「嘘をつく」という現象もありますが、だいたいは、本当のことを言いながら生きているのです。

こういう日常を基盤にしてオースティンは、詩の朗読や芝居のセリフなどを、「寄生的」だと言ったわけです。あくまでも、本当のことを言うのが、言語行為の中心をなしているというわけです。たしかにそういう側面はあるでしょう。日常的な「嘘」は、本当のことを誠実に言うからこそ成りたつのですから。大体の人が、本当のことを言っているから、嘘も可能になるのです。

しかし、ジャック・デリダという哲学者は、言語行為論のここの部分を批判しました。デリダは、オースティンの言語行為論を、とても高く評価しながらも、この「寄生的用法」という概念だけは、徹底的に批判したのです。つまり言語は、もともと現実から遊離して、「嘘をつくことができる」という可能性にこそ、その本質があるのですから、本当のことを言うことが、言語の本質ではないというわけです（こんな過激な言い方をデリダがしたわけではないのですが、方向としては、こういうことだと思います）。だからオースティンは、言語の本質を見誤っているというわけです。

デリダは、「反復可能性」（répétabilité）と「反覆可能性」（itérabilité）という面白い二つの重なる概念を提出します（この二つの「はんぷく」は、原語も違いますし意味も違います）。デリダによれば、言語の本質は、この「反覆（反復）可能性」だというのです。これは、どういう考えなのでしょうか。言葉の本質は、多くの人が、「反復」することができるという点にあると、まずデリダは言います。言語は、「誰のものでもあり、誰のものでもない」ので、同じ文字や同じ音が、無数の人によって繰り返し使われる（反復される）ことによって成りたつというわけです。同じものが、繰り返し多くの人によって使われることこそが、言語の本質だというのです。

そして、「反復」することによって、同じ文字や音が、それぞれの文脈で違った意味を帯びることもあります。そのつど異なった使われ方をするのですから、当然のことながら、意味やその内容は変容しつづけるでしょう。そのような言語のそのつどの異なったあり方を、デリダは、さらに「反覆」と言います。いろいろそのつどその文脈で使われた語の意味や内容が、「覆《くつがえ》される」のだから「反覆」なのです。何度も繰り返される（反復）ことによって、意味や内容がそのつど変わる（反覆）。こういう可能性をもっているということこそが、言語の本質なのです。だからデリダは、言語の本質を「反復⇓反覆可能性」と呼んだというわけです。

もし、そうだとすれば、詩の朗読や芝居のセリフのようなものこそ、この言語の本質を表す行為だと言えるでしょう。なぜなら、同じ文字（詩、セリフ）を、多くの違う人たちが、いろいろな場面で繰り返し口にする行為こそが、言語の真のあり方だからです。そうだとすれば、このような詩の朗読や芝居のセリフを言語の本質から離れた周辺的な行為（「寄生的用法」）だと言うのは、明らかに言語の本当の姿を見誤っているということになります。言語そのものの本質を、「寄生的」なものだと言うのですから。まったく方向が逆なのです。

こうしたデリダの方向性は、ウィトゲンシュタインの考え方と近いかもしれません。どれほどがんばっても、私たちの「言語ゲーム」は、言葉の具体的やりとり、そして表情、振舞でしか判断できません。私たちは誰もが知覚し確認できるものだけでやっていくしかないのです。言語というのは、本質的に「公共的なもの」であって、私的領域には触れることができないものなのです。他人の痛みや、他人の思考には、どうやってもたどり着くことはできません。「誰のものでもあり、誰のものでもない」言語は、誰もが確認できる領域にしか存在していません。その領域とは、「言語ゲーム」の領域であり、「反覆（反復）可能性」が成りたつ場所なのです。

したがって、繰り返すならば、この外部的で公の領域こそ、「言語ゲーム」の領域であり、デリダの言う「反覆（反復）可能性」の領域だと言えるでしょう。ウィトゲンシュタインが「考えるな、見よ」と言って、そのつどの文脈での言葉のやりとりに眼を注ぐのも、このような方向によるものと言っていいと思います。使われた言葉が、その場面でどう働いているかによって、そのつど語の意味は変わっていくというのですから。つまり、「**語の意味は、その使用**」なのです。

29
デリダとウィトゲンシュタイン

さて、デリダの名前がでてきましたので、もう少し、デリダにまつわる話をしましょう。言葉の意味について、デリダの『声と現象』（林好雄訳、ちくま学芸文庫）という本を手がかりにして考えてみたいと思います。この『声と現象』というとても面白い本（事実上、デリダのデビュー作と言っていいでしょう）で、現象学の鼻祖《びそ》であるフッサールを批判します。まずは、その批判がどういうものだったか、紹介したいと思います。

フッサールは、言葉の意味について、『論理学研究』のなかで、つぎのように述べます。言葉の意味というのは、われわれが実際に発話したり、具体的に文字で書いたりしなくても、その純粋な状態（〈意味そのもの〉）を、そのまま自分自身のなかで受けとることができる。そしてフッサールは、その受けとるときのこちらのあり方を「孤独な心的生」と言います。つまり、意味そのものは、純粋な状態で、われわれの心のなかに存在するというわけです。しかも、「孤独な」状態ですので、誰とも話すことのない状態で、自分の心のなかに〈意味そのもの〉が存在している（あるいは、やってくる）というわけです。

これは、どういうことでしょうか。たとえば、「机」という言葉の意味を考えてみましょう。フッサールによれば、「机」という語の意味は、純粋な状態で、われわれ一人ひとりの心のなかにあるわけですから、「机」という文字や〈つくえ〉という音声が、意味が発生する場に存在する必要はありません。「机」「desk」「bureau」「Tisch」などの語の物質的側面は、純粋な意味とは関係ないのです。いきなり純粋な〈つくえ〉の意味そのものが、われわれの孤独な心のなかに現れるというわけです。

たしかに私たちは、言葉の意味は、言葉そのものの物質的側面（音や文字など）とはべつに、どこかに存在していると考えがちです。意味は〈意味〉として、イデア的な（観念の）領域にあって、それを物質である文字や音で表現すると思ってしまいます。だから、〈つくえ〉そのものの純粋な意味が、それぞれの言語のなかに、「机」（日本語）「desk」（英語）「bureau」（フランス語）「Tisch」（ドイツ語）といったふうに枝分かれしていく、と考えてしまいます。このような、常識的な意味についての考えを、フッサールは、そのまま素朴に表現したとも言えるでしょう。たしかに〈純粋な意味〉がまずあって、その意味を表す語が、国や時代によって異なると考えた方がすっきりします。一見、とても自然な考えであるように思えます。

この意味論を、デリダは批判しました。デリダは、言葉の本質的特徴は、先にも述べましたが、「反覆（反復）可能性」だと考えています。具体的な文字や音などなしに、純粋な意味だけがどこかにあるなどということはありえません。まずは、誰もが「反復＝反覆できる」物質的な対象がなくてはならないのです。それが、言葉の働きの出発点なのです。

デリダの言う「エクリチュール écriture」（書かれたもの、書いた言葉）という概念は、このことを意味しています。つまり、「パロール parole」（話した言葉）ではなく、「エクリチュール」こそが言語の本質である。なぜなら、「パロール」は、すぐ消えてなくなるけれども、「エクリチュール」はずっと残るからです。だから、書いたり、話したりというのが、問題になっているわけではなく、誰でも確認できるような痕跡《こんせき》が残るという意味で、「書かれたもの、書いた言葉」（エクリチュール）の方が、言語の性質をよく表している、とデリダは言うのです。「書いた言葉」は、痕跡として残っているかぎり、誰でもそれを見ることができますし、それについて、自分なりに意味を受けとったり、意味を付与したりできます。つまり、「エクリチュール」は、すぐ消えてしまう「パロール」とは違って、万人に開かれているというわけです。

たとえば、フッサールが言ったように、〈純粋な意味そのもの〉をわれわれは思い浮かべることができるでしょうか。「純粋無菌状態」の言葉の意味の存在を見つけることができるでしょうか。たとえば、「机」という語の意味を、「机」という文字や「つくえ」という音とはべつに、思い浮かべてみてください。文字や音という具体的なものを手がかりにせずに、〈 〉（「机」の純粋意味）を、頭のなかに思い浮かべることができるでしょうか。私は、少なくとも絶対に無理です。どれほど訓練したとしても、そんなことができるとはとても思えません。「机」の意味にたどり着くためには、やはり、手がかりとして「机」という語（文字や音）がどうしても必要です。

ソシュールが、言葉の意味について説明するとき、「シニフィアン signifiant」「シニフィエ signifié」という語を使いました。これは、フランス語の動詞「シニフィエ」（signifier 意味する）の現在分詞と過去分詞です。この二つがコインの表面と裏面のように分離できない形で、意味（記号）を構成しているというわけです。そのときの「シニフィアン」が、記号の物質的側面で、「シニフィエ」が記号の意味そのものの側面だというわけです。つまり、「机」で言えば、「机」という文字や音が、「シニフィアン」であり、「シニフィエ」が、その意味だというのです。しかし、ソシュールは、この二つの側面は、決してばらばらにすることはできないと言いました。コインの両面なのです。つまり、「シニフィアン」がなければ、「シニフィエ」もない。「机」という文字や音がなければ、その意味も存在しないのです。

ところが、フッサールは、純粋な意味そのものが、文字や音といった物質的側面がなくても存在すると考えました。無菌の〈理想意味〉（「理想気体」のような〈意味〉）が、一人だけの心の奥底に存在すると考えたのです。そこに、デリダは、斬りこんだというわけです。そして、このデリダの批判は、ウィトゲンシュタインの「**私的言語批判**」と、とても方向性が似ていると思います。ちょっと比べてみましょう。

私的言語というのは、その人だけが感じている〈状態〉を、その人だけがわかる言葉で表すというものでした。その人だけの特別な感覚や、その人だけが一度だけ感じた感情を言葉にするというわけです。誰にも理解できない言葉、自分だけがわかる言葉、それが「私的言語」です。しかし、ウィトゲンシュタインによれば、この言語は、言語のもつ本質と根本から齟齬《そご》をきたす（矛盾する）ものなのです。

なぜなら、言葉は、徹頭徹尾、公《おおやけ》のものであり、複数の人間によってやりとりされるものだからです。そして、そのために「物質的なもの」を利用するのです。一人だけで使われるようなものは、そもそも言語ではない。言語であるからには、その性質として「私的」（私だけの）という形容句は、決してつかないものなのです。言語活動というのは、複数の人たちによって、音や文字という知覚可能な「物質的なもの」を使ってなされるゲームなのです。だから、「言語ゲーム」という言い方がされたとも言えるでしょう。

言葉は、前にも言ったように「誰のものでもあり、誰のものでもない」ので、唯一無二の私的な感覚だけを表す言葉は、言葉以前であり、したがって誰にも理解できません。「熱い」という形容詞は、誰にとっても「熱い」のであり、ある特定の人間だけの〈熱い〉感覚を表しているわけではありません。すべての日本語を母語とする者にとって、同じ「熱い」なのです。私的な「熱い」ではなく、公共的な「熱い」なのです。もちろん、一人ひとりは、私的な〈熱い〉感覚をもっているでしょう。そしてそれを、「熱い」と表現できるかもしれません。しかし、自分だけの私的な感覚を、いちど「熱い」と口にだしてしまうと、その音を聞いた他の人は、その「熱い」と言った人だけの私的感覚ではなく、自分自身の「熱い」と同じものだと受けとるでしょう。そして、その「熱い」は、あっという間に誰のものでもなく、誰のものでもある「熱い」になってしまいます。公共化してしまうのです。

このように考えると、言葉というのは、私的な領域から出発しているのではなく、口にだして（文字にして）、つまり多くの他の人たちが聴く（読む）領域（いわゆる「言語ゲーム」の場）から出発して、そこで初めて意味をもつものだと言えるでしょう。言葉を実際に使用することによって、結果的に、その場での意味をもつ。言葉そのものに最初から純粋な意味があるわけではないということになります。

このような「私的言語」批判は、まさに、デリダの言う「反復＝反覆可能性」と表裏をなしているように思われます。「私的言語」の裏側には、「反復＝反覆可能性」がはりついている。いずれも、言語の本質を見事に表した議論であり概念ではないでしょうか。

30 ハイデガーのこと

ウィトゲンシュタインが、ハイデガーについてとても両義的なことを語ったのは、有名な話です。一九二九年一二月三〇日に、ウィーン学団のシュリック邸で、その話題はでました。引用してみましょう。

私は、ハイデガーが存在と不安について考えていることを、十分考えることが出来る。人間は、言語の限界に対して突進する衝動を有している。例えば、或るもの

が存在する、という驚きについて考えてみよ。この驚きは、問いの形では表現され得ない。そして、答は全く存在しないのである。われわれがたとえ何かを言ったとしても、それは全てアプリオリにただ無意味でありうるだけなのである。それにもかかわらず、われわれは言語の限界に対して突進するのである。

（『ウィトゲンシュタイン全集5』97頁）

とても不思議な言い方だと思います。ともに二〇世紀最大の哲学者と言われ、生まれた年は同じ一八八九年（ちなみに、ヒトラーもチャップリンも同じ生年です）でした。ただ同じ哲学者とはいっても、活躍した分野も場所もまったく異なります。正反対と言ってもいいでしょう。ハイデガーは、ドイツ生まれであり、プラトン以来の伝統的西洋哲学の中心で大きな影響力をふるいました。カント、ヘーゲルといった大陸系の西洋哲学の正統な継承者です。

それに対して、ウィトゲンシュタインは、生まれこそオーストリアのウィーンであり大陸出身ですが、のちに活躍したのは、この地ではありません。ハイデガーにかんするこの発言も、ウィーンで結成された学団（「ウィーン学団」）の若い哲学者相手のものですが、しかし、その後の深甚《しんじん》な影響は、イギリスやアメリカの哲学界に対してのものでした。いわゆる英米系の分析哲学という新たな哲学潮流において、ウィトゲンシュタインは中心的存在だったのです。二〇世紀に入って生まれたこの流れは、またたく間に西洋哲学を二分する大きな哲学運動の一つになります。この分析哲学という哲学運動のなかの、二つの異なった流れ（論理学的なものと日常言語をテーマにする二つの学派）双方に大きな影響を与えたのがウィトゲンシュタインだったということになるでしょう。

こうして同じ歳であるにもかかわらず、この二人の哲学者は、まったく交わることなく、異なった哲学潮流のなかで、大きな存在として一生を終えます。

ところがウィトゲンシュタインは、一度だけ、ハイデガーについて触れているのです。しかも、とても率直な見解を吐露《とろ》しています。それが、この文章なのです。ウィトゲンシュタインは、ほかの分析系の哲学者とは異なり、ハイデガー哲学を一方的に否定するのではなく、充分考えることができると言っています。これは、やはり驚くべき発言です。というのも、この対話の相手であるウィーン学団の若者たち（自然科学出身者が多い）にとって、ハイデガーは、もっとも忌避《きひ》すべき対象でした。それまでの伝統哲学がもっている悪しき方法（何の具体的根拠もない思索）を駆使する代表格でした。「存在」や「時間」といった問題について、科学的に検証できないことを、ただただ垂れ流す哲学者だということで批判されていたからです。

しかしウィトゲンシュタインは、最大の敵であるはずのハイデガーについて、共感できると言っています。ハイデガーを否定したいウィーン学団の人たちは、さぞかし驚いたことでしょう。それでは、ウィトゲンシュタインは、ハイデガーのどういう点に共感し、どういうところに批判的なのでしょうか。

『存在と時間』をはじめとしたハイデガーの著作には、「存在」「現存在」「世界内存在」「不安」「死へ臨む存在」「存在可能」「先駆的決意性」といった用語がたくさんできます。最初は、何を言っているのかよくわかりませんが、我慢して読み進めていくと、たしかに私たちのあり方（存在）が、日常的な生活をも含めて、実に詳細に論じられていくことに気づきます。われわれ人間のあり方や存在や時間についての、微《び》に入《い》り細《さい》を穿《うが》つ分析がなされます。

ただ、やはり疑問に感じるのは、理解してしまえばそれほど難解なことを言っているわけでもないのに、なぜこれほどわかりにくい用語で説明していくのかということと、話の筋はわかるけれども、どこにも証拠や具体的な根拠などは示されていないのではないかという点です。さらに、「存在」や「時間性」などの深遠な意味をもっていそうな語を、何の説明もせずに（それなりの説明はたしかにあるのですが、それほど説得的ではない）、なぜ最初から使おうとするのか、といったことです（これは、あくまでも個人的な感想です）。

たとえば、同じようなテーマ（時間論）をあつかっているベルクソンと比較してみれば、その特徴は、おのずとわかると思います。ベルクソンも、ハイデガー同様、「哲学者」と呼ばれていますが、しかし、この二人は、かなり違うジャンルの仕事をしたのではないかと私は思います。ベルクソンは、たとえば時間について論じるとなると、その当時の自然科学（心理学、生理学、物理学など）やそのほかの学問を自分なりに咀嚼《そしゃく》し、その最先端の知見をもとにして、自らの哲学的な考えを提示します。

ベルクソンの『意識に直接与えられたものについての試論』（『時間と自由』）『物質と記憶』『持続と同時性』など、いずれもそのようにして書かれました。とても準備の時間（そのテーマを論じるのに必要な自然科学的知識の習得）をかけて書いたのです。だからこそ逆に、当時の自然科学が到達した地点に制限されるという欠点もあるでしょう。また、とても具体的に論じていますので、ベルクソンが提出した理論（仮説）が正しかったのか、間違いだったのか、はっきりとわかるという利点もあります。科学哲学者のポパーが言った「反証可能性」（その仮説が正しいかどうかを検証することができる性質）を充分そなえているというわけです。ベルクソン自身の理論を、後世の人が否定することができるくらい、きちんと根拠や証拠をだして、議論しているのです。

このようにベルクソンと比較すると、ハイデガーの哲学的営為がどういう性質のものであったかが、よくわかると思います。たしかに壮大精密で、意味深い体系を構築してはいます。だが、残念ながら、反証できるような論証をしているわけではないということになるでしょう。それが、ウィーン学団の人たちにとっては、我慢ならなかったのだと思います。

それでは、そのようなハイデガー哲学に対するウィトゲンシュタインの姿勢を見てみましょう。ハイデガーに共感できるというウィトゲンシュタインの真意は、どういうものだったのでしょうか。なぜハイデガーが考えていることを、自分も充分考えることができると言ったのでしょうか。

その理由は、人間の性質がどうしても、ハイデガーのような思索に導かれてしまうということだと思います。「言語の限界に対して突進する衝動」を人間がもっているから、どうしてもハイデガーのような哲学が生まれてくるというわけです。われわれは、本当に不思議なことだと思うのですが、なぜか「言語」というものをもっています。ただの外界の音（雑音）にすぎないものを利用して（発声器官を使い）、人間同士の意思疎通などの手段にしているのです。そして、何度も確認したように、この外界の音によってつくられた言語は、人間のもつ心的内容とは、まったく別のもの（物質的なもの）なのです。したがって、人間内部の出来事（思考や感情）とは、完全に乖離《かいり》しています。そして、この外部的なもの（言語）は、それ自身の都合で体系を作り、それ独自の動きをしはたらきをもっています。

たしかに、人が言葉を使うとき、自分自身の発声器官によって喋ったり、ペンを使って文字にしたりしていくのですが、でも、自分の考えや心情が〈そのまま〉言語化されているわけではありません。繰り返しますが、言語は、人間の内側とは無関係なのです。だから、しばしば、この「別物」（言語）にわれわれはだまされることがあるとウィトゲンシュタインは言います。言葉は、われわれの気持ちや心情と関係がないのに、関係があるふりをするというわけです。

それでは、「言語の限界」とは、何でしょうか。言語は、言語だけで自律的な体系をなしています。それだけで、いわば完結しています。言語には、言語の都合があるというわけです。たとえば極端な例ですが、自動車は、自動車として自律していますし、それだけで完結している。非常に複雑な構造をもちながら、環境からは独立した体系をなしています。もちろん、運転する人間やガソリンなどの外部的なものも必要ですが、そのような外部的なものがかかわれば、自動車は自在に動きますし、どこにでも行くことができます。われわれが使う言語ととてもよく似ているでしょう。人間が使うことによって、言語も自在に動き始めるからです。

しかし、どんなに自動車が自律しているといっても、自動車が自分で食事をつくったりはしませんし、計算をすることもありません。なにしろ、食事をつくったり、計算をしたりすることとは、まったく用途が違うからです。

言語も、この自動車と同じようなものだと言えるでしょう。たしかに言語は多くのことを成しとげます。用事を言いつけて、それを遂行してもらう。授業で声をだして、多くの人に知識を伝えることができる。本のなかに（文字として）詰めこまれることによって、さまざまな情報をあらゆる世界に伝えることができる、などなど。私たち人類の営為の広範な重要部分をカバーできます。

しかし、だからといって、ありとあらゆることを表現したり、解釈したりはできません。自動車が細かい裁縫をしたり料理をつくったりはしないように、言語も限界があるのです。それは、どのような限界なのでしょうか。

結論を先に言うと、われわれの存在に深くかかわる「絶対的なもの」を表現することはできないという限界です。たとえばウィトゲンシュタインは、「あるものが存在することへの驚き」という例をだします。私たちは、存在しています。私たちだけではなく、森羅万象も存在しています。これは、いったい何なのだ。一体全体、これは、どういう事態なのか。「あるものが存在する」というとてつもない事態は、驚くべきことだ、というわけです。ハイデガーとも関係の深い「存在とは何か」という問いに一脈通じます。

しかし、ウィトゲンシュタインは、この「存在とは何か」という問い、つまり、われわれの根源的驚きから発せられる問いを、まったく無意味な問いだと言います。答などでるはずもない無意味な問いなのです。「すべてアプリオリにただ無意味」（経験とは関係なく最初から無意味）なのです。この問いは、絶対的領域についての問いなので、言葉による思考では、どうにもならないというのです。

言葉は、比較したり、否定したりすることによって表現します。たとえば、「山」という言葉を使うとき、私たちは、その反対である「山ではない」ことをすぐ考えています。「山」という語が正しく機能するというのは、その反対もすでに含んでいるからなのです。「山」という語は、「山でないもの」と比べることによって、意味をもつのです。すべての語は、このような成りたちをもっていますから、その反対の語（否定したもの）が想定できないものは、言語によっては、表現できませんし、何の意味ももちません。どんな言葉も、その言葉を否定する語が存在することによって意味をもちます。

ウィトゲンシュタインが言いたいのは、こういう言語の本質的特徴から考えると、ハイデガー哲学は、多くの無意味な問いから成りたっているということだと思います。「存在」という語を考えてみましょう。この世界は、「存在」に満ち溢れています。「存在」以外には、それこそ存在していません。それなのに、「存在とは何か」という問いをたてるのは、明らかにおかしいのです。「存在」という語の否定の状態がどこにもないのに、「存在とは何か」と問うてみても、最初から答がでないのは、わかりきっているのです。この場合の「存在」には、意味がないのです。存在に対してただ驚くことしか、われわれにはできないのです。

べつの言い方をすると、この「存在」という語は、絶対的な領域を指しています。この世界のありとあらゆるものは、問答無用で「存在している」のですから、「存在」は、われわれには、手がつけられない「絶対的領域」なのです。議論のしようがないというわけです。「存在している、以上」といった感じでしょうか。それに対して言語は、相対的道具です。いまも説明したように、かならず比較や否定が、語の裏面にくっついています。「山」と言えば、「山でないもの」、たとえば、「川」「丘」「平野」などなど、いくらでもその背景には存在しています。だからこそ、「山」という語は、意味をもつのです。ところが、「存在」は、そうではない。その反対語は、「無」でしょうか。しかし、この世界のどこをさがしても、「無」はない。そうなると、「存在」という語を、この世界では使えないことになってしまいます。世界の外側に立たなければ、「存在と無」という相対的対立は、意味をもたないからです。

だからウィトゲンシュタインは、ハイデガーがたてる問いを、「アプリオリにただ無意味」だと言うのです。ハイデガー哲学は、この問いを根底に据えているので、結局は、無意味な哲学だと言いたいのです。ところが驚いたことに、ウィトゲンシュタインによれば、これほど無意味な営為をするハイデガーに、それでもなお共感していると言います。これは、いったいどういうことでしょうか。

「われわれは、言語の限界に対して突進する衝動」をもっている。それが、絶対的に無意味だとわかっていても、そうせざるを得ない衝動をもっている。このことは、決して否定できない。絶対的領域（存在）に対して、相対的道具（言葉）によって、攻撃をしかける。われわれ人間は、負けるとわかっていても、どうしても突き進もうとする。このようにウィトゲンシュタインは言うのです。

存在への驚き、この驚きはとてつもないものであり、絶対的なものです。ウィトゲンシュタインも、この驚きにうちのめされます。ただだからといって、それを言語の領域に移しいれ、「存在とは何か」という問いかけをしても、どんな答もわれわれは、手にすることはできない。まったく答えることのできないナンセンスな言語化をしたことになってしまうだけだとウィトゲンシュタインは言います。しかし、これは、人間が言語をもち、その言語の限界に突進してしまうという衝動をもっているかぎり、仕方のないことであり、ある意味で、とても貴《とうと》いことなのだ。ある意味で、人間の根源的宿痾《しゅくあ》なのだ、とウィトゲンシュタインは言いたかったのだと思います。

31 フロイトの弟子

ウィトゲンシュタインは、一九四〇年代のケンブリッジ大学の講義のなかで、フロイトについて語ります。その講義の合間に、ウィトゲンシュタインは自分自身のことを、「フロイトの弟子」あるいは「フロイトの追従者《ついじゅうしゃ》」と言っていたというのです。弟子でもあり友人でもあるラッシュ・リースが、そう記録しています。これは、どういう意味でしょうか。

もちろん、ウィトゲンシュタインは、フロイトの精神分析を全面的に受け入れているわけではありません。むしろ、どちらかと言うと、ひじょうに批判的です。徹底して批判していきます。それなのに、なぜ「フロイトの弟子」なのでしょうか。フロイトとウィトゲンシュタインとの関係を、最後にちょっとだけ考えてみたいと思います。

フロイトは、無意識という領域に着目します。私たちが、意識していない領域です。ところが、フロイトによると、われわれにはわからないその無意識の領域が、実は、意識的な生活に大きな影響を与えているというのです。そして、そのような無意識が、いろいろな姿で表れてくるのが、夢という現象だとフロイトは言います。だから、自分が見た夢をきちんと解釈すれば、みずからの無意識を正確に解明できるということになります。

しかし、そもそもこうした考えは、ウィトゲンシュタインの方法とは、正反対ではないでしょうか。ウィトゲンシュタインは、だれもが知覚でき確かめられる「言語ゲーム」という公《おおやけ》の場を主戦場にしているのですから。ウィトゲンシュタインは、次のように言っています。

「文は、表現するということを、どんなふうにやってるの？」と質問されたな

ら、――こんな答えになるかもしれない。「わからないのかい？　自分が文を使ってるときなら、それが見えるだろ」。たしかに何も隠されていないのだから。どんなふうに文は表現するということをやっているのだろうか？――わからないのかい？　たしかに何も隠されていないのだから。

（『哲学探究』435節）

ここには、ウィトゲンシュタインの特徴的な方法論が、はっきりと書かれています。私たちがある文を口にすると、その場にいた人が、それに対応をするとしましょう。こうした現実の事態を目にすると、最初の文に含まれていた意味（情報）を相手が受け取り、それを理解して何らかの反応をしたのだ、と考えてしまいます。つまり、実際に起きている事態の裏側に何らかの要素や構造があり、その背景によって、われわれが眼にする出来事が起きていると思うのです。私たちは、つい「見る」だけではなく、「考えて」しまうというわけです。この私たちの習慣的なやり方をウィトゲンシュタインは指摘し批判します。そのような背後の「意味」や「意思」などは、実際に確かめられる現場の出来事から推理しているだけだ、というのです。そのようなものを前提にして議論するわけにはいかないというわけです。「隠されているものは何もない」。すべては、目の前で示されている。このようにウィトゲンシュタイン哲学の本質を考えると、フロイトの「無意識」という概念は、もっとも否定されるべきものではないでしょうか。われわれが意識しているこの現実の背後に、「無意識」なるものが存在しているというのですから。それなのに、なぜ「フロイトの弟子」なのでしょうか。まずは、ウィトゲンシュタインがフロイトをどのように批判しているのか見てみましょう。こう言います。

フロイトの夢理論。かれの言いたいのは、何事でもあれ夢のなかで起ることは何らかの願望に結びついていることが見出されるだろうが、それを分析が暴露できる、ということである。しかし、この自由連想等々の手続きは奇妙である。なぜなら、フロイトはわれわれがどこで立ち止るべきか――どこに正しい解決があるか――をどのようにして知るか、を一度も示していないからである。

(『ウィトゲンシュタイン全集10』２１０頁)

ウィトゲンシュタインは、フロイトの夢についての理論には、その分析の手続きにおける規準がどこにも示されていないと指摘しています。『夢判断』のなかで、フロイトがおこなう分析の統一された根拠のようなものがどこにも存在しないというわけです。これは多くの人が指摘してきたことであり、さきにも紹介しましたポパーの「反証可能性」も、この点を批判したものでした。どの事例にも、通用するような「正しい解決」が示されなければ、理論とは言えないからです。ある解決が恣《し》意的なものだとすれば、その解決を反証することもできません。反証できるためには、その解釈を支える根拠がなければならないのです。そうすれば、その根拠を間違いだと指摘する可能性もでてくるのです。

　このような視点から、ウィトゲンシュタインは、精神分析について、つぎのように結論を言います。

ひとは自分自身に関するある種の事柄を、この種の自由連想によって発見するこ

とができるかも知れないが、しかし、それは何故その夢が生じたのかを説明してはくれない。

フロイトはこれらとの連関でさまざまな古代の神話に言及し、自分の研究は、その種の神話が考えられたり作られたりすることがどのようにして起ったのかをいまや説明している、と主張する。

それに反して、実際にはフロイトはそれとは違ったことをしたのである。かれは古代神話について科学的な説明をしたのではない。かれのしたことは新しい神話を提議することだったのである。

（『ウィトゲンシュタイン全集10』223頁）


フロイトは古代の神話に言及し、みずからの理論と関連づけようとしましたが、ウィトゲンシュタインは、それは何の意味ももたないと言います。科学的と言える説明など何もしていない。フロイトはむしろ、それら古代神話と同じような「新しい神話」を創ったというのです。ウィトゲンシュタインにとって、精神分析の提唱する「理論」は、科学的なものではなく、一つの「神話」にすぎないのです。

しかも、この「神話」は、無害なものではなく、とても危険なものでもあります。ウィトゲンシュタインは、つぎのように言います。

分析は害を及ぼしやすい。なぜなら、その過程でひとは自分自身についてさまざまなことを発見するだろうけれども、提示され、あるいは押しつけられた当の神話を認めて、これを見通すためには、非常に強力かつ鋭敏で頑強な批判力をもたなくてはならないからである。〈もちろん、その通り、そうであるに違いない〉と言いたくなる誘因があるのである。強力な神話である。

（『ウィトゲンシュタイン全集10』２２４頁）

精神分析に対して、ウィトゲンシュタインがひじょうに批判的だということがわかるでしょう。しかし、このように批判しながら、自分自身を「フロイトの弟子」「フロイトの追従者」と言うのは、なぜでしょうか。

まず、ウィトゲンシュタインが夢と言語が似ているると言っているのがヒントになるかもしれません。つぎのように言っています。

そこで、われわれは夢を見る事が何事かを考える一つのしかたなのか、それがそもそも言語なのかを問うてよい。明らかに言語とのある種の類似点がある。（『ウィトゲンシュタイン全集10』２１９頁）

夢を見ることと言語は似ている、とウィトゲンシュタインは言っています。これは、あきらかにフロイトが対象にしている領域が、ウィトゲンシュタインの探究領域と似ていると言っているのだと思います。そして、夢について、つぎのような興味ぶかいことも言っています。

たくさんの異なった種類の夢が存在し、それらすべてに対する単一の説明路線など存在しないことになりそうである。ちょうどたくさんの異なった種類の冗談があるように。あるいは、たくさんの異なった種類の言語があるように。

（『ウィトゲンシュタイン全集10』２１８頁）

多種多様な夢が存在している。しかも、それに対するただ一つの説明などない。それとまったく同じように、異なった冗談や多様な言語があると言っています。これは、ウィトゲンシュタインが強調する「言語ゲーム」の多様性、「言語ゲーム」の家族的類似性について言っているかのようです。このように考えれば、自分（言語）と同じような対象領域（夢）を相手にしている先輩としてフロイトを考えていたと言えるかもしれません。

でも、だからといって「弟子」とまで言う理由はわかりません。だって、あれだけ批判的なのですから。ウィトゲンシュタインの「何も隠されていない」という根底にある考え方に見合った、つぎのような文章も、この講義のなかにはあります。

なぜわれわれは夢を見るのかという問題と、なぜわれわれは物語を書くのかという問題とを比較してみよ。物語のなかのすべてが寓話《ぐうわ》的であるわけではない。なぜかれがまさにその物語を、まさにそのしかたで書いたのかを説明しようとすることに、どのような意味があるのだろうか。

なぜ人々が話をするのか、一つだけの理由など存在しない。小さな子供は、しばしば声を立てる喜びのためだけに片言を言う。これはまた成人が話をする一つの理由でもある。そして、他にも数えきれないほどの理由がある。

（『ウィトゲンシュタイン全集10』２２１頁）

われわれは、いろいろな理由でそのつど言語ゲームをしています。言葉の多様なやりとりのなかに、何か深い理由があったり、同じ構造が隠されたりしているわけではありません。ただ声をあげたいだけ、ただ怒りを爆発させただけ、ただ挨拶しただけ、などいくらでも私たちは言葉を発する機会やきっかけをもっています。そして、それは、日々の言葉のやりとりを眺めていれば、おのずとわかることです。ウィトゲンシュタインによれば、「何も隠されてはいない」のですから、見てとることができるものだけが、そこにあるのです。

ところがフロイトは、そこに原因を探り、統一的な夢の理論をつくろうとします。しかし、それは、明らかに恣意的な解釈を出発点にしている。ウィトゲンシュタインは、つぎのように言います。

フロイトは「原因なしに起るものが何か存在するなどということを、諸君はわたしに信じろというのか」と尋ねる。しかし、これには何の意味もない。

(『ウィトゲンシュタイン全集10』220頁)

このように考えれば、ウィトゲンシュタインにとってフロイトは、同じような領域を対象にしてはいるけれども、自分とはまったく反対の方法論を用いている人間だということになるでしょう。そして、その方法論が実は無意味なものであると、ウィトゲンシュタインは思っている。つまり、ウィトゲンシュタインにとって、フロイトは反面教師的な人物ということになるのでしょうか。

もちろん、そういうひねった意味で「フロイトの弟子」と言っているとも考えられないことはないですが、さすがにそこまでひねってはいないと思います。それに、ウィトゲンシュタインは、そういうひねり方は、おそらく大嫌いだと思います。それでは、どういう意味で、「弟子」なのか。ここからは、私個人の推理にすぎませんが、少し考えてみましょう。

ウィトゲンシュタインには、前にも話しましたが、「文法」という面白い概念があります。この「文法」というのは、私たちが学校で学ぶような「文法」とは違います。動詞、名詞、形容詞などといった品詞分類や、動詞や助動詞の活用といったものを勉強する場合の「文法」とは異なります。ウィトゲンシュタインが言う「文法」は、それぞれの語がもっている「都合」、あるいは、「独自の性質」と言えるようなものです。

あくまでも「語の文法」なのです。これらの文法を「深層文法」と言い、私たちが学校で習う文法は「表層文法」とウィトゲンシュタインは呼びます。こう言います。

単語を使うとき、「表層文法」と「深層文法」を区別することができるかもしれない。単語が使われたときストレートに浮き彫りになるものは、文の構造での使われ方であり、耳でつかまえることのできる——と言えると思うが——その単語の使い方の一部である。——そこで、たとえば「meinen（思う・言う・意味する）」のような単語を考えてみる。この単語の深層文法を、この言葉の表層文法が推測させてくれるようなものと比較してみるのだ。なかなか勝手がわからなくても、不思議ではない。

（『哲学探究』６６４節）

たとえばウィトゲンシュタインは、「心のなかの出来事」という言葉について、こう言います（これは前にも触れた『哲学探究』３０８節での議論です）。心のなかで何かが起こっている（動揺、琴線《きんせん》に触れる、悲しみに暮れる、などなど）ことを、「心のなかの出来事」という言葉で表すことはできるし、私たちは日ごろからそうしています。ところが、この言葉を普段からわれわれが使うことによって、「出来事」という言葉のもつ都合（性質）のようなものが、「心」という語に影響を与えてしまいます。どういうことかというと、「出来事」という語がもっている「文法」（都合や性質）は、たとえば地震や事件や裁判などといった、具体的で誰でも確認できる事柄を指しています。時間の幅をもち、複数の人間がかかわる事態とでも言えるでしょうか。これが、「出来事」の「文法」なのです。これは、文の構成とかかわる「表層文法」や、「出来事」という語の辞書的な意味とはそれほどかかわりのない「概念のあり方」（都合・性質）のようなものです。

表層文法的には、この「出来事」という語と「心」という語が結びつくことには、どんな不都合もありません。だから、われわれはしばしば「心のなかの出来事」という語を使っています。こうして、言語ゲームのなかで、「心のなかの出来事」という語が流通していきます。そうすると、「心」と「出来事」が、深層文法のレベルでも結びつくようになってきます。つまり、「心」も、「出来事」と同じようなものだと思ってしまうのです。

本来、「心」は、形ももたず物質とはかかわりのないあり方をしています。われわれが視覚によって捉えることができるようなものではない。ところが、「心のなかの出来事」という語を使い続けることによって、われわれは「心」もまた、「出来事」のようなものだと無意識裡《り》に思ってしまうのです。これが、ウィトゲンシュタインが言う深層文法における「錯覚・錯誤」というものです。そして、ウィトゲンシュタインが、後期哲学において、主に相手にしたのが、この「文法による錯覚」なのです。

さて、フロイトはどうでしょう。たとえば、「海を泳ぐ夢」を見たとします（精神分析に詳しくないので、変なことを言っているかもしれませんが、お許しください）。夢から覚めて、その夢を分析してみます。「海」は「母親」のことを意味するのだから、母胎回帰の夢だ、とか、あるいは、「海」は「生命の源」のことだから、生命力が弱っている（または、高まっている）ことを示している、とか、「海」は「死」のことを意味するのだから、この夢は、タナトス（死への欲求）を表す夢だ、などといって、いろいろな解釈がでてくると思います。

このような分析の過程ででてくる「海」の意味は、われわれが国語辞典で調べてでてくる意味とは、明らかに異なっています。夢のなかの「海」は、意識レベルで知っている「海」とは、異なる象徴なのです。つまり、精神分析においては、表面的な語の意味ではなく、深層レベルでの語の意味（象徴）が問題になっているというわけです。

これは、まさにウィトゲンシュタインの言っている「深層文法」にとても似ているのではないでしょうか。表層文法を意識レベル、深層文法を無意識レベルと考えれば、ウィトゲンシュタインの対象領域と、フロイトの対象とする領域とが、対応していると考えられるのではないでしょうか。

たしかにウィトゲンシュタインにとって、フロイトの精神分析は、一つの新しい神話であり、その解釈作業は、ある意味で恣意《しい》的で無意味なものだったのかもしれません。しかし、フロイトが夢を分析する際の具体的作業には、その正否とはべつのところで、ウィトゲンシュタインの「文法による錯覚」を探しだすプロセスととてもよく似たところがあったのではないでしょうか。

多くの夢を解釈して、そのなかに、夢の真相を明かす象徴を探しだすように、ウィトゲンシュタインも、多くの言語ゲームのなかに分け入り、深層文法による陥穽《かんせい》がないかどうかをつぶさに吟味《ぎんみ》していく。こういう意味で、ウィトゲンシュタインは、自分のことを「フロイトの弟子」「フロイトの追従者」と言ったのかもしれません。

あとがき

私としては、本書は、高校の頃の自分に向けて書いたつもりだ。それでも内容は、まだまだ難しいかもしれない。何十年も哲学の世界にいると、何が難しいのか、何が普通で何がまともなのか、さっぱりわからなくなる。困ったものだ。

その代わりと言ってはなんだが、自分の高校時代の話を、ちょっとだけしてみたい。

私の高校（中高一貫校）は、どちらかと言うと理系の進学校だった。おまけに男子校なので、筆舌に尽くし難い息苦しさだった。しかも、一学年二七〇人くらいなのに、当時は一〇〇人くらい医学部に行っていた。

私のような者は、とにかく居心地が悪く、追い詰められていった。まったく笑顔がなかった。中学高校の頃、笑ったという記憶は、本当にあまりない。

だって、毎日学校に行くたびに大勢の医者に取り囲まれて、理由もわからずよってたかって診察されるようなものではないか。へらへら笑っている場合ではない。とんでもないカフカ的状況だ。高校に行くと、否応《いやおう》なく患者になる。恐ろしい。

たしかに今でも、どちらかと言えば、社会のなかで患者的な存在（?）であることはたしかだから、まぁ、あんまり変わらないか。

中学のときに読んだヘッセの『車輪の下』は、自分のことだと切実に思った。このままでは押し潰される、と思ったのだ。我慢して高校生になると、ドストエフスキーの『白痴』の主人公ムイシュキンや、『カラマゾフの兄弟』のアリョーシャのような存在に憧れるようになった。なぜだかわからない。何か聖なるものに惹《ひ》かれていたのだと思う。そっちの方に救いがあると思ったのだろうか。こうして私は、高校生活、そして生活そのものから明らかに逸脱し遊離していった。

現在では、授業中、無理にでも笑いをとりにいって滑りつづけるという奇妙な生物になっている。とても不思議だ。高校の頃の自分からは、まったくかけ離れている。その頃は、笑いとは一切無縁だったのだから。とにかく高校時代はきつかった。

今回、その頃の自分に向けて書いたつもりだ。うまくいったかどうかは、わからない。ただ最後に、高校生の自分にこう言ってあげたいと思う。

好きなことだけをやればいい。自分の居場所は、必ず見つかる。将来のことは、将来の自分が解決してくれる。いまは、一番興味のあることだけに目を向けて、それに、邁進《まいしん》すればいい。

亜紀書房の内藤寛さんには、今回も、企画から具体的作業まで、何から何まで大変お世話になった。共同作業は、これで、もう三冊目だ。本当にありがたい。心から感謝しています。

二〇二一年六月

中村　昇

中村 昇（なかむら のぼる）

1958年長崎県佐世保市生まれ。中央大学文学部教授。小林秀雄に導かれて、高校のときにベルクソンにであう。大学・大学院時代は、ウィトゲンシュタイン、ホワイトヘッドに傾倒。

好きな作家は、ドストエフスキー、内田百閒など。趣味は、将棋（ただし最近は、もっぱら「観る将」）と落語（というより「志ん朝」）。

著書に、『いかにしてわたしは哲学にのめりこんだのか』（春秋社）、『小林秀雄とウィトゲンシュタイン』（春風社）、『ホワイトヘッドの哲学』（講談社選書メチエ）、『ウィトゲンシュタイン ネクタイをしない哲学者』（白水社）、『ベルクソン=時間と空間の哲学』（講談社選書メチエ）、『ウィトゲンシュタイン『哲学探究』入門』（教育評論社）、『落語－哲学』（亜紀書房）、『西田幾多郎の哲学=絶対無の場所とは何か』（講談社選書メチエ）、『続・ウィトゲンシュタイン『哲学探究』入門』（教育評論社）など。

ウィトゲンシュタイン、最初《さいしょ》の一歩《いっぽ》

2021年9月5日　第1版第1刷発行

著者／中村 昇

発行者／株式会社亜紀書房
〒101-0051 東京都千代田区神田神保町1-32
電話(03)5280-0261 振替00100-9-144037
https://www.akishobo.com

装丁／鳴田小夜子

イラスト／風間勇人

DTP／コトモモ社

印刷・製本／株式会社トライ https://www.try-sky.com

Printed in Japan　ISBN978-4-7505-1688-2　C0010